I0540854

RK-002

MASSIMILIANO AFIERO

OTTO SKORZENY

LA LIBERAZIONE DI MUSSOLINI E ALTRE OPERAZIONI

Otto Skorzeny - RK002 CS First edition Gennaio 2018 by Soldiershop.com.
Cover & Art Design by Soldiershop factory. ISBN code: 978-88-93273114

In merito alle serie :Italia storia ebook, Ritterkreuz, The Axis Forces ecc. l'editore Soldiershop informa che non essendone l'autore ne il primo editore del materiale pervenuto per la stesura del volume, declina ogni responsabilità in merito al suo contenuto di testi e/o immagini e la sua correttezza. A tal proposito segnaliamo che la pubblicazione Ritterkreuz tratta esclusivamente argomenti a carattere storico-militare e non intende esaltare alcun tipo di ideologia politica presente o del passato cosi come non intende esaltare alcun tipo di regime politico del secolo precedente ed alcuna forma di razzismo.

Note editoriali dell'edizione cartacea

Presentazione

Quella di Otto Skorzeny è sicuramente una delle figure più controverse ed interessanti della Seconda Guerra Mondiale, alla quale molti storici hanno dedicato articoli e libri, per esaltare o denigrare le sue azioni che nel bene o nel male furono comunque straordinarie: la liberazione del Duce sul Gran Sasso, l'operazione "Panzerfaust" nell'ottobre del 1944, l'operazione 'Grifone' durante l'offensiva nelle Ardenne fino all'eroica difesa della testa di ponte di Schwedt sull'Oder. Non bisogna però dimenticare tutte le altre missioni, di minor successo, che furono concepite grazie al lavoro coordinato dell'unità di Skorzeny con la sezione "S" (sabotaggio) dell'Amt-VI del Sicherheitsdienst, il servizio di sicurezza delle SS, che fu creata presso l'unità di stanza a Friedenthal, come il tentativo di lancio di paracadutisti in Persia per tentare di sollevare le tribù locali contro gli inglesi o il tentativo di sabotare il canale di Suez attraverso un aviolancio di esperti in esplosivi, così come tutte le altre missioni oltre le linee nemiche dove furono impegnate le varie SS-Jägdverbande create ed organizzate dallo stesso Skorzeny. Tutte queste missioni non sarebbero state possibili senza la preparazione fornita dalle speciali scuole di addestramento, che partendo da quella di Friedenthal si svilupparono su tutto il territorio tedesco dal 1943 in poi. Per la stesura di questa monografia oltre ai documenti di archivio, sia di fonte alleata sia tedesca (peraltro molto discordanti), abbiamo fatto riferimento alle numerose testimonianze dei protagonisti diretti rilasciate nel dopoguerra ed ai tanti numerosi libri pubblicati sull'argomento, riguardanti Skorzeny e le sue missioni, cercando di ripercorrere il più fedelmente la sua carriera militare e di riportare la narrazione degli episodi più importanti nel modo più dettagliato possibile. Colgo l'occasione per ringraziare tutti gli amici ed i collaboratori che hanno contribuito alla realizzazione di questo nuovo lavoro, in particolare Stefano Canavassi, Hugh Page Taylor e Cesare Veronesi.

Massimiliano Afiero

SOMMARIO

Otto Skorzeny: considerazioni personali

Invecchiare non è piacere, ma un netto vantaggio che deriva dall'essere nato durante la Seconda Guerra Mondiale è che ho avuto almeno l'opportunità di incontrare, intervistare e corrispondere con alcuni dei suoi principali partecipanti. Otto Skorzeny è probabilmente quello che ricordo ed apprezzo di più. Io naturalmente sapevo della sua carriera ed avevo un certo numero di libri su di lui, e così quando nel novembre del 1967 ho trovato il suo indirizzo a Madrid gli ho subito scritto una lettera di presentazione. Ero certamente troppo entusiasta e gli ho fatto così tante domande che fu, una grande sorpresa e piacere, quando il mese successivo mi ha risposto, allegando alla lettera due pagine della cronologia della sua carriera militare in lingua inglese intitolate "*La mia carriera durante la Seconda Guerra Mondiale*". Per gli standard odierni essa può apparire breve ed incompleta, ma è una fonte primaria e sono stato felice di averla. Quella lettera segnò l'inizio di uno scambio di corrispondenza e chiamate telefoniche che si è concluso con la sua ultima lettera indirizzata a me del 29 gennaio 1974, egli morì l'anno successivo a 67 anni. Avevamo programmato di incontrarci più volte, il che avrebbe comportato un viaggio piacevole per me, da Milano a Madrid, ma per un motivo o un altro questo non si verificò mai. Abbiamo comunicato per lettera, abbiamo parlato al telefono, ma non ci incontrammo mai di persona. Ho ammirato Skorzeny, non solo per la sua impresa più famosa, la liberazione di Mussolini il 12 settembre 1943, ma anche per altri aspetti della sua carriera nelle *Waffen-SS*. Mentre i critici lo accusano di opportunismo nel rivendicare il merito per la liberazione del Duce, che giustamente apparteneva ai paracadutisti della *Luftwaffe*, nessuno può negare gli altri suoi successi: la creazione dell'*SS-Sonderverband zbV Friedenthal* il 15 luglio 1943, la formazione delle *SS-Jagdverbände* tra l'ottobre del 1943 ed il settembre 1944, il comando della *Panzer Brigade 150* durante la controffensiva nelle Ardenne ed infine il comando delle truppe a difesa della testa di ponte di Schwedt sul fiume Oder tra il febbraio ed il marzo del 1945. Scelsi di far scrivere a Skorzeny la prefazione al mio primo libro sulle *Waffen-SS*, edito dal mio vecchio amico Roger James Bender di San Jose, California, nel 1969. Lo feci perché in quel momento lo consideravo una personalità importante, non solo nel contesto delle *Waffen-SS,* ma anche nella storia complessiva della Seconda Guerra Mondiale. A quel tempo egli mi apparve come un ufficiale coraggioso e pieno di risorse che non aveva commesso alcun crimine di guerra e fino ad oggi non ho trovato alcuna prova per dimostrare il contrario. Fui triste per la risposta negativa che ricevetti da persone e istituzioni per quella mia scelta, che fino ad allora mi avevano aiutato nelle mie ricerche, e così nel secondo volume di quella serie, dovetti prendere le distanze da quella mia scelta, ma continuai a credere che Otto Skorzeny fu un soldato straordinario, che mai fu coinvolto in crimini di guerra o nell'Olocausto. Spero che la storia confermerà che questo è vero. Successivamente sono rimasto felice di essere stato coinvolto nella pubblicazione di quella che credo sia la versione migliore, più completa e sicuramente più riccamente illustrata della storia militare di Otto Skorzeny: "*For Germany: The Otto Skorzeny Memoirs*", che ho curato con Craig Luther e che è stato pubblicato anche dall'amico Bender. Skorzeny mi aveva inviato il progetto in lingua tedesca poco prima di morire nel 1975 e per vari motivi ci sono voluti trenta anni per pubblicare la versione in inglese, con note a piè pagina, riccamente illustrata e con una prefazione ed un indice scritti personalmente. Molti libri e articoli di riviste sono stati scritti sulla carriera militare di Skorzeny, prima e dopo la pubblicazione di "*For Germany*" e sono lieto ed onorato di essere stato invitato da Massimiliano Afiero a scrivere questa breve prefazione. Conosco e rispetto il lavoro di Massimiliano, il suo interesse nel documentare la storia delle *Waffen-SS* ed auguro al suo gruppo di lavoro ed ai membri della Associazione Culturale *Ritterkreuz* ogni successo per il futuro. Mi auguro che i loro sforzi e le loro ricerche possano in modo veritiero ed oggettivamente, aggiungere nuova conoscenza e nuova comprensione alla storia militare delle *Waffen-SS*, ma anche di risolvere dal punto di vista storico alcune delle questioni che ruotano ancora intorno, non solo alla figura di Otto Skorzeny, ma anche ai suoi camerati.

Hugh Page Taylor

Melbourne, 20 Giugno 2011

La mia carriera durante la Seconda Guerra Mondiale
di Otto Skorzeny[1]

3 settembre 1939	Volontario nell'aereonautica. Addestramento di base nel Battaglione trasmissioni della *Luftwaffe* a Vienna.
20 febbraio 1940	Volontario come aspirante ufficiale tecnico nella *Waffen SS*. Trasferito all'*Ersatzbataillon LAH* a Berlino.
3 maggio 1940	Trasferito come ufficiale tecnico con il grado di *Unterscharführer* al battaglione pesante dell'*SS-Artillerie-Standarte* della *SS-Verfügungs-Division*.
10-31 maggio 1940	Campagna di Francia. Con la *SS-Verf.Division* come forza di occupazione in Francia, Dax, in Olanda, Utrecht, in Francia, Vesoul.
Luglio 1940	Promosso *SS-Oberscharführer*
Aprile 1941	Con la Divisione SS *'Reich'* in Romania (Banato)
20 aprile 1941	Promosso '*SS-Untersturmführer*' per aver condotto con successo una azione esplorativa. Nella stessa data promosso "*SS-Obersturmführer*"[2]
21 giugno 1941	Con *la SS-Div. 'Reich', II./SS-Art.Rgt.* in Russia.
Settembre 1941	Decorato con la Croce di Ferro di Seconda Classe (EK II).
Dicembre 1941	Ferito davanti a Mosca. In ospedale a Vienna e Karlsbad.
Aprile-Luglio 1942	Addestramento speciale per la difesa anticarro
Luglio 1942	Trasferito come ufficiale tecnico al *Panzer Regiment* della *3.SS-Pz.Gr.Div. 'Totenkopf'*. In addestramento fino al febbraio del 1943.
Aprile 1943	Promosso *SS-Hauptsturmführer*.
Aprile 1943	Chiamato al comando del Battaglione speciale 502 della *Waffen SS* a Friedenthal. Nello stesso tempo, comandante della Scuola del Dipartimento VI-S a Den Haag in Olanda.
25 luglio-12 settem. 1943	In Italia, per la liberazione di Mussolini
8 settembre 1943	Decorato con la Croce di Ferro di Prima Classe (EK I).
12 settembre 1943	Promosso *SS-Sturmbannführer* e decorato con la Croce di Cavaliere.
Settembre '43-Settembre '44	Formazione ed impiego delle *SS-Jagdverbände*, creazione di tre scuole di addestramento speciale a Den Haag in Olanda, Fruska Gora in Jugoslavia e Heidelberg in Germania.

Otto Skorzeny

Aprile 1944	Promosso a capo dell'*Abteilung II, Amt Ausland-Abwehr'* (*Amt Admiral Canaris*), subito dopo ridenominato *Amt Mil/Abteilung Mil D*. A capo di tutte le *'Frontaufklärunstruppen II'* (truppe speciali impiegate in territorio nemico).
Sett.'44-16 Ott. '44	Azione a Budapest, con la *SS-Jagdverbände Mitte*, l'*SS-Fallsch.Btl. 600*, la Scuola ufficiali dell'Esercito di Wiener Neustadt, un *Tiger Abteilung* dell'Esercito, un battaglione paracadutisti della *Luftwaffe*, ecc.
16 ottobre 1944	Promosso *SS-Obersturmbannführer* e decorato con la Croce Tedesca in Oro. Collaborazione alla realizzazione di armi e mezzi speciali, sia con la *Kriegsmarine* che con la *Luftwaffe*.
16 dic. '44-10 gennaio 1945	Comandante della *Panzer-brigade 150* nella controffensiva nelle Ardenne. Decorato con l'*Ehrenblattspange des Deutschen Heeres*.
Inizio febbraio-marzo 1945	Comandante delle truppe a difesa della testa di ponte a Schwedt sull'Oder: *SS-Jagdverbände Mitte*, *SS-Fallsch.Btl.600*, *SS-Sturmkompanie Schwert*, 3 battaglioni dell'Esercito, 2 *Flak-Batterien* della *Luftwaffe*, 1 Reggimento rumeno, 1 Battaglione russo, 1 Battaglione pionieri dell'esercito, 1 compagnia trasmissioni, ecc.
Aprile 1945	Decorato con le Fronde di Quercia e promosso al grado di *SS-Standartenführer*.
Aprile/Maggio 1945	Ultimi combattimenti sull'*Alpenfestung*' in Austria.
22 maggio 1945	Consegnatosi volontariamente alle forze americane.

L'*SS-Stubaf*. Otto Skorzerny, con la Croce di Cavaliere, acclamato dalla folla al Palazzo dello Sport di Berlino, ottobre 1943 (*U.S. National Archives*).

Otto Skorzeny

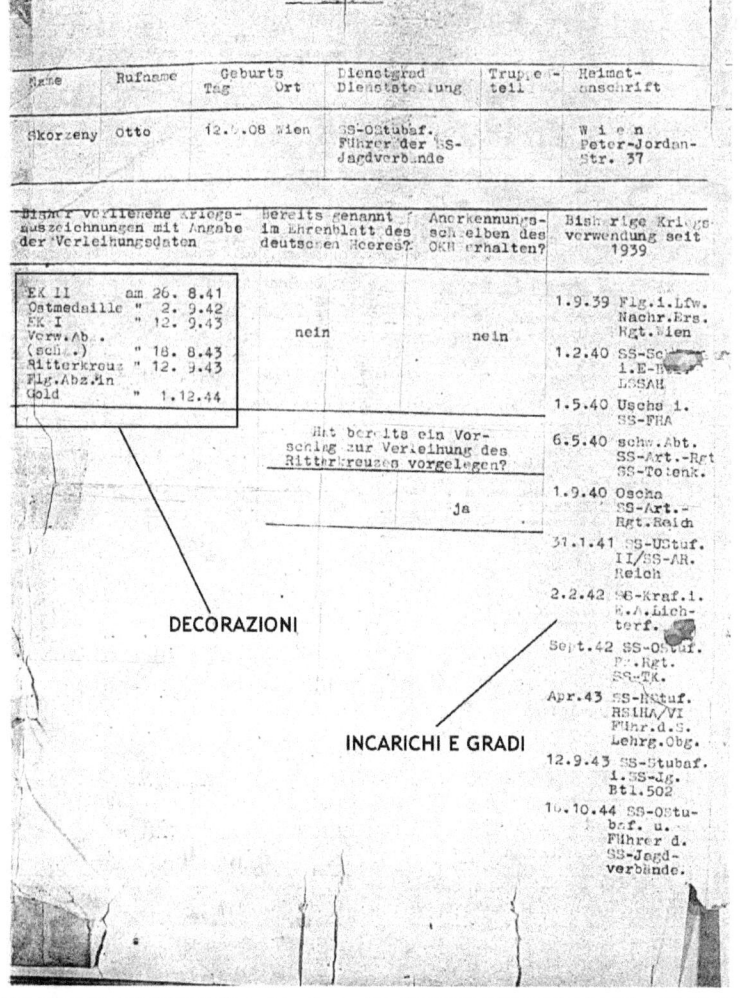

DECORAZIONI

INCARICHI E GRADI

Documento allegato alla raccomandazione per la Croce Tedesca in Oro per Skorzeny, dell'ottobre del 1944, con le informazioni sulle decorazioni ricevute e le relative date di assegnazione e gli incarichi dal 1939 al 1944, con i relativi gradi (*Berlin Document Center*).

Altro documento ufficiale che attesta i passaggi di grado e gli incarichi assunti nel corso degli anni (NA).

Note

(1) pagine inviate da Skorzeny nel 1967 ad Hugh Page Taylor in inglese, tradotte ed adattate alla corretta denominazione delle unità e dei reparti.

(2) Nei documenti ufficiali del *Bundesarchiv*, la promozione a *SS-Ustuf.* risulterebbe avvenuta il 30 gennaio 1939. Negli stessi documenti, in un'altra scheda sui suoi dati anagrafici, viene riportata invece il 30 gennaio 1941.

Otto Skorzeny: biografia e carriera militare

Francesco Giuseppe I

Soldati austriaci, 1917

Era domenica, quel 12 luglio 1908. Ma non si trattava di una domenica qualunque. In quel giorno, infatti, l'Austria Imperiale celebrava il 60° anniversario dell'incoronazione dell'Imperatore Francesco Giuseppe I. Una giornata di festa per i viennesi e per i cittadini dell'Impero austro-ungarico. Una giornata di festa anche per la Signora Skorzeny, che sebbene al nono mese di gravidanza non voleva perdere questa importante celebrazione. I coniugi Skorzeny, appartenenti alla media borghesia e provenienti da famiglie che vantavano una tradizione militare di tutto rispetto, sentivano molto questa ricorrenza e la celebravano ogni anno. Ma quel giorno, quel 12 luglio 1908, in casa Skorzeny non si festeggiò soltanto l'anniversario dell'incoronazione. Dopo le celebrazioni del mattino, infatti, la Signora Skorzeny aveva dato alla luce il figlio che teneva in grembo: Otto. Nasceva così, in una Vienna festante, l'uomo che nel 1944 fu definito dagli Alleati il "...più pericoloso d'Europa!". Nel 1908, però, l'Impero Austro-Ungarico stava ormai vivendo gli ultimi anni di pace e la tranquilla infanzia di Skorzeny era destinata a rimaner segnata dagli eventi, che nel giro di poco tempo avrebbero rivoluzionato gli assetti politico-economici del vecchio continente, nonché la vita degli europei. Lo scoppio della guerra, che coincise con il primo anno di scuola di Otto, sottopose ben presto la famiglia Skorzeny e tutto il popolo austriaco a privazioni sempre maggiori. I pericoli legati al conflitto, l'incertezza per il futuro, la miseria e la scarsità di cibo, seppur incomprensibili agli occhi di un bambino di sei anni, incisero inevitabilmente anche sulla vita dei più piccoli. Emblematico, in tal senso, il ricordo di Skorzeny: "...durante la ricreazione, allora, con soli venti heller ero in grado di acquistare alcune appetitose salsicce e una pagnotta dorata; nell'ultimo anno delle elementari, con la medesima quantità di denaro potevo mangiare soltanto pane di granturco, spalmato con un sottile strato di marmellata di rape preparatomi da mia madre per colazione". Passata la guerra, con quella spensieratezza che contraddistingue ogni giovane adolescente, Skorzeny sembrò volersi scrollare di dosso gli anni turbolenti appena trascorsi e dimenticare il passato. La gioventù, del resto, "...è sempre disposta ad accettare qualsiasi mutamento 'positivo', purché le venga presentato sotto una veste rivoluzionaria. A noi giovani di allora non importava di aver perduto la guerra. Desideravamo soltanto trarre da essa il miglior profitto...". Con questo spirito, Skorzeny affrontava gli anni difficili dell'adolescenza in un'Austria profondamente diversa da quella in cui era nato. A scuola non brillava particolarmente, specie nelle materie letterarie, ma dimostrava un vivo interesse per

9

quelle scientifiche e tecniche, oltre che per le discipline sportive. Riuscì a completare gli studi superiori senza problemi e nel 1926, seguendo le orme del padre, decise di diventare ingegnere. Alla Scuola di Tecnica di Vienna, Skorzeny continuava a non eccellere negli studi, ma se non altro il suo percorso fu lineare e senza intoppi. L'università stava contribuendo non solo alla formazione professionale, ma anche a quella caratteriale del giovane Skorzeny. Nell'ambiente universitario, che non solo nei luoghi ma anche nei docenti riportava alla mente i fasti di un Impero oramai decaduto, era possibile fare la conoscenza di molti reduci della Grande Guerra, ascoltare le loro storie, confrontarsi con le loro speranze ed apprendere con amarezza le loro illusioni. "...*Questi uomini*", riporta Skorzeny nelle sue memorie, "...*erano la dimostrazione delle gravi conseguenze provocate dalla guerra sugli individui: essi costituivano per noi l'esempio vivente del disadattamento e lasciarono sui nostri spiriti orme profonde*". Come molti suoi colleghi di studio, Skorzeny vedeva in queste persone l'espressione di quei valori e di quelle aspirazioni che sentiva proprie, ma che a causa del conflitto appena trascorso erano state messe in discussione, se non in tutto almeno in parte. La guerra, oltre ad aver spazzato via l'Impero, aveva infatti lasciato senza un riferimento e senza una guida molte persone. Aveva resettato un sistema, non solo politico ma anche di valori e privilegi ed aveva posto buona parte dei cittadini del vecchio Impero sulla stessa barca. In una società in trasformazione, in cui le tensioni sociali crescevano di giorno in giorno, non era facile per Skorzeny ed i ragazzi della sua età trovare dei saldi punti di riferimento. In famiglia l'educazione non mancò di certo, ma va detto che anche l'ambiente universitario finì per esercitare un ruolo di primaria importanza nella formazione del carattere del giovane Otto e delle sue idee politiche.

Università di Vienna, 1928: il giovane Otto Skorzeny, seduto a destra con la faccia insanguinata, dopo il duello nel corso del quale rimase ferito gravemente alla faccia (*Skorzeny Files*).

Innanzitutto le tradizioni studentesche, che contribuirono a plasmare la personalità di Skorzeny. Una di queste era il duello con la spada, portata avanti dalle *Studentenverbindung*(1). Il duello, in epoca passata, poteva anche apparire come la manifestazione dell'appartenenza ad una certa classe sociale, ma in un'Austria post monarchia altro non era che uno strumento "educativo", utile per mettere alla prova sé stessi, sfidando non solo l'avversario ma soprattutto le proprie paure. Attraverso il duello, si misuravano le capacità di ognuno, sia fisiche che psichiche. Il carattere veniva rafforzato, plasmato, poiché la sfida imponeva necessariamente il dominio della mente e dei muscoli, altrimenti si finiva sconfitti. E la sconfitta o la ferita non erano motivo di vergogna, se si era combattuto con lealtà e determinazione; gli atteggiamenti meschini o elusivi si. Proprio in uno dei quattordici duelli, sostenuti durante la carriera di studente universitario, Skorzeny si procurò la vistosa cicatrice sulla guancia sinistra, monito indelebile del significato della sfida, che durante la guerra gli valse il soprannome di *der vernarbten* (lo sfregiato). "...*Non dimenticherò mai le sensazioni provocatemi dal primo duello che sostenni, nel febbraio del 1927. [...] Per essere sincero, debbo ammettere che avevo paura dell'avversario, una paura atroce. [...] Presi posto dove mi era stato ordinato e sentii la voce di un compagno che diceva: 'Silenzio prego. Inizia il duello alla spada'. Sentivo il cuore battermi in fretta. Vedevo la testa del mio avversario attraverso le lenti di protezione avvolta da una specie di nebbia. Venne dato il segnale d'inizio; le braccia descrissero un circolo sopra le nostre teste e attaccammo contemporaneamente facendo cadere i primi colpi. Le spade si urtavano con un suono che si spegneva allorché le lame toccavano gli avambracci. Si prova una strana sensazione la prima volta che si riceve un colpo. All'eccitazione subentra la tranquillità e ci si sente padroni dei propri nervi. Si continua il combattimento con maggior sussiego; si avverte soltanto il battito forte del polso a causa dello sforzo che compie il braccio. I minuti di combattimento venivano regolarmente cronometrati dai nostri aiutanti. Si profittava degli intervalli per curare le nostre piccole ferite. [...] Credo che durante il settimo assalto avvertii un forte colpo alla testa; mi meravigliai perché la ferita non mi faceva male come pensavo; notai soltanto un liquido caldo che colava lungo il cuoio capelluto. Pensa: 'Mi ha toccato. Spero di non aver spostato la testa per schivare il colpo'. Mi sentii completamente rilassato e ricordai i consigli ricevuti: 'Devi prendere l'iniziativa; è necessario attaccare; non puoi farti vincere dalla paura'. Presto fui in grado di approfittare di un errore del mio avversario e lo ferii a mia volta. E' incredibile quanto possa stancare un duello della durata di appena mezz'ora. Trascorso il tempo fissato, notammo che i muscoli delle braccia erano rigidi, i corpi ricoperti di sudore. I medici suturarono le nostre ferite senza ricorrere agli anestetici. In questo modo si esercitava la nostra resistenza fisica. Il mio avversario aveva ricevuto tre ferite, io soltanto una. I miei compagni si affrettarono a rallegrarsi con me ma, allo stesso tempo, come era consuetudine, sottolinearono gli sbagli commessi. Ciò valse a temperare l'entusiasmo da cui mi ero lasciato prendere ed ebbi coscienza di quanto dovessi ancora apprendere e degli sforzi che avrei dovuto compiere in avvenire. [...] Imparammo ad affrontare le situazioni a viso aperto, come uomini, in difesa di ogni nostra azione o pensiero, lottando con le armi in mano. Ma imparammo pure ad incassare i colpi in modo impassibile, a sopportare il dolore e a stringere con forza i denti per impedirci di urlare di paura e di dolore. In più di una circostanza sono stato grato a chi mi aveva formato ed educato con tanta durezza. E con ciò non voglio dire che la durezza debba costituire necessariamente un elemento costitutivo dell'educazione di un individuo. Sottolineo soltanto come allora, tra noi, i duelli studenteschi avessero un significato onorevole, privo di meschinità o bassezze*". Oltre a formare il carattere, all'università Skorzeny iniziò a maturare le proprie convinzioni politiche. Al di là dei duelli, infatti, le associazioni studentesche costituivano da sempre piccole fucine di idee. Erano una realtà presente sia nel *Reich* tedesco che nel vecchio Impero Austro-Ungarico e spesso la loro comunanza di ideali andava al di là delle frontiere politiche. Non a caso, uno dei principali capisaldi di queste associazioni, che perdurò anche dopo la dissoluzione dell'Impero, era dato dal cosiddetto 'pensiero unitario' e cioè la convinzione che i popoli di origine tedesca dovessero riunirsi sotto una sola bandiera e vivere insieme in un unico grande Stato. Skorzeny sposava in pieno questa idea, così come la convinzione che un simile progetto dovesse riguardare le persone piuttosto che i partiti. "....*Il pensiero unitario non costituiva una prerogativa di nessun partito politico*", afferma Skorzeny nelle sue memorie. Per questo motivo Skorzeny, come molti altri suoi coetanei, si definì apolitico e per molto tempo si tenne lontano dalle vicende politiche – ma soprattutto partitiche - che dominavano la scena austriaca durante gli anni venti. In particolare, il giovane Otto riteneva che i partiti di allora fossero meri portavoce di interessi settari, non in grado di rispondere alle reali esigenze della collettività. Durante tutta la sua carriera universitaria, rimase dunque estraneo alla politica - quella dei partiti, s'intende -, ma ovviamente non mancò di elaborare e strutturare le proprie convinzioni. Nel 1931 terminò la Scuola Tecnica Superiore e divenne ingegnere. Poco tempo dopo arrivò il primo, fortunato impiego. Venne assunto in qualità di direttore commerciale da una piccola società e grazie a questo incarico iniziò ad entrare in contatto con il mondo del lavoro e con le sue innumerevoli problematiche. Il suo impiego lo portò spesso a doversi confrontare con i lavoratori appartenenti alle classi sociali meno abbienti e fu proprio grazie a questo rapporto, fatto di "...*frequenti conversazioni ed insegnamenti*", che Skorzeny maturò la convinzione che nel paese fosse necessario mettere in atto delle drastiche riforme sociali. Lavoro ed economia erano due temi che interessavano molto il giovane Skorzeny. Pian piano, il suo interesse verso la politica, anche quella fatta dai partiti, iniziò a crescere, specie nel momento in cui in Austria fece la sua comparsa un movimento nuovo, la cui ragion d'essere verteva intorno a tre cardini precisi: economia, socialismo, unificazione del popolo Germanico.

Goebbels ad un comizio nel 1932.

Nationalsozialistische Deutsche Arbeiterpartei o *NSDAP*, era il nome di questo movimento, il cui punto di forza, secondo Skorzeny "...*risiedeva nella promessa fatta di non costringere nessuno a far parte di uno specifico partito, ma di un movimento comprendente l'intera popolazione il cui scopo consistesse nel miglioramento delle condizioni di lavoro, nell'aumento del livello di vita e nell'unificazione di tutte quelle forze aventi come fine ultimo il benessere della Paria*". Correva l'anno 1933, quando Skorzeny, dopo una lunga riflessione di un anno, l'*NSDAP* era pur sempre un partito, si convinse che quel movimento faceva per lui. Nel 1932, infatti, Skorzeny ebbe la possibilità di assistere ad un comizio di Goebbles, durante il quale il futuro Ministro della propaganda era riuscito a catturare per ben due ore l'attenzione del giovane austriaco e di tutto il pubblico presente. Skorzeny rimase affascinato dall'arte oratoria di Goebbles, ma soprattutto vide in lui, e di conseguenza nel *NSDAP*, un uomo dalle idee brillanti, coraggiose, che non potevano non essere condivise. Trascorse comunque un anno a riflettere, studiando a fondo i programmi del partito, finché nel 1933 fece la sua scelta ed aderì al *Nazionalistische Deutsche Arbeitepartei*. Seguirono anni duri, caratterizzati da tensioni ed instabilità politiche crescenti, durante i quali Skorzeny intensificò sempre più il suo interesse per i grandi temi economici e sociali che tenevano banco nella vita pubblica nell'Austria degli anni trenta. Ma mentre in Austria le cose continuavano a non funzionare, in Germania, dopo l'ascesa di Hitler al potere, la nazione sembrava essere rinata e non solo economicamente.

Hitler a Vienna, 15 marzo 1938.

Di conseguenza, anche in Austria l'*NSDAP* si espanse con rapidità e diventò ben presto una forza politica in grado di incidere nella vita del paese. Ed infatti non trascorse molto tempo che nel marzo del 1938 giunse, per la gioia di molti, Skorzeny incluso, la tanta agognata annessione dell'Austria al *Reich* tedesco.

L'inizio della carriera militare

Una delle conseguenze "negative" derivanti dall'*Anschluss*, fu l'introduzione del servizio militare obbligatorio per tutti i maschi. Anche Skorzeny, nonostante avesse già trenta anni, fu dichiarato abile ed arruolato. A differenza dei più giovani, però, avrebbe dovuto prestare servizio per tre mesi. Solo novanta giorni, che per Skorzeny rappresentavano comunque una grossa scocciatura. Il lavoro, infatti, lo assorbiva completamente ed oltretutto non si sentiva adatto a quel tipo di vita. "...*Ero un uomo fatto, con le sue idee*

13

formate ed abituato per di più a discutere francamente con chiunque piuttosto che ad ubbidire. [...] Ma poiché non avevo scelta, decisi di prendere il toro per le corna...", racconta Skorzeny.

Colonna motorizzata tedesca marcia in territorio austriaco, 1938.

Così, anziché aspettare la chiamata, decise di arruolarsi volontario. Cercando di dare un senso all'esperienza che si accingeva a vivere e ritenendo di poter sfruttare a suo favore la laurea in ingegneria, scelse di entrare nella *Luftwaffe*. Era l'estate del 1939, non certo il periodo migliore per finire sotto le armi. Scoppiò la guerra e Skorzeny fu inevitabilmente chiamato a prestare servizio. Ma si trattò di una chiamata temporanea. Presentatosi in caserma, infatti, il suo Comandante di Compagnia lo informò che a causa della mancanza di istruttori, impegnati sul fronte polacco, non sarebbe stato possibile dare il via all'addestramento base. In alternativa, era stato organizzato un corso speciale per ingegneri militari, che si sarebbe però tenuto a gruppi di cento uomini per volta. Skorzeny ed i suoi nuovi commilitoni furono rimandati a casa. La vita militare doveva attendere.

Skorzeny, primo a sinistra, nella *Leibstandarte*, 1940 (*Skorzeny Files*).

14

Otto Skorzeny

Elementi della *2.Kp./LSSAH* in addestramento, con le prime giacche mimetiche, ideate nel 1938 dall'*SS-Stubaf.* Brandt.

Aprile 1940, reparti corazzati tedeschi, per le strade di Copenaghen, all'indomani dell'invasione della Danimarca.

In autunno, una volta terminata la Campagna di Polonia, Skorzeny fu chiamato per l'addestramento, che terminò verso la metà di dicembre. Insieme ad altri venti membri del corso, fu, con sua sorpresa, destinato alle SS ed il 21 febbraio del 1940, arrivò l'assegnazione alla *2.Kompanie* dell'*SS-Ersatz-Bataillon Leibstandarte Adolf Hitler*, di stanza a Berlino, il Battaglione addestramento della *LSSAH*. Le nuove reclute furono sottoposte da subito ad un breve ma intenso addestramento, che si rivelò molto utile sia per affinare la preparazione di base di ognuno, sia per stabilire e consolidare quei rapporti di cameratismo che, come scrive Skorzeny, "...*si rivelarono in seguito, nel corso degli anni di guerra, durevoli e profondi*". Ben presto, la vita di caserma prese il posto alle abitudini ed ai comfort della vita civile e per

Skorzeny le sei settimane di addestramento trascorsero piuttosto facilmente. Solo un ultimo ostacolo lo separava dall'assunzione effettiva dell'incarico di specialista del genio militare: un altro trasferimento al Reggimento *'Germania'* (*SS-Verfügungs-Division*) e l'ennesimo addestramento, al termine del quale fu promosso al grado di *SS-Unterscharführer*. Fu durante questo periodo, siamo nell'aprile del 1940, che Skorzeny, seppur solleticato dall'idea del ritorno alla vita civile, maturò la decisione di continuare con la vita da militare al servizio della propria Patria, come testimoniano le sue parole: "...*La Norvegia e la Danimarca erano state occupate dalle truppe tedesche il 9 aprile. [...] Nei tedeschi e non soltanto tra i militari, si era ormai venuta creando l'impressione che i sei mesi di calma relativa*[2] *costituissero il preludio allo scoppio della vera tempesta. [...] Parimenti si era diffusa la certezza, di vitale importanza, che la guerra avrebbe deciso l'avvenire della Germania per vari decenni. Non era più il momento delle ideologie, era in ballo l'esistenza di un popolo, la sua sopravvivenza. [...] Non avevamo ormai alternative: dovevamo servire la Patria come buoni tedeschi, non potevamo optare per la debolezza, per l'autodistruzione*".

15

Colonna motorizzata della SS-*Verf.Div.* in Francia

Campagna di Francia

Nel maggio successivo, il Reggimento di Skorzeny fu mobilitato per prendere parte alla Campagna di Francia, ma l'austriaco, anziché partire per il fronte, fu convocato a Berlino. A colloquio con un Colonnello delle SS, ricevette l'incarico di trasferire ottanta veicoli dalla caserma del suo reparto al fronte. Non era certo quello che si aspettava. Il compito ricevuto non fu dei più facili, ma alla fine ci riuscì. E questo fu solo il primo di una serie di incarichi noiosi che resero l'esperienza di Skorzeny sul fronte francese tutto tranne che inebriante. "...*La nostra marcia attraverso Chauny, Soissons, Villers-Cotteres, Chateau Thierry, Epernay, Châlons-sur-Marne, Saint Dizier, Châtillon-sur-Seine, Coulmier-le-Sec, Préey-Poully-Autun non era altro che un inseguimento dell'esercito francese sconfitto e sbandato. Tutto lasciava prevedere che le sorti della guerra fossero ormai decise e che la nostra veloce avanzata dipendesse dal desiderio di assicurarci il possesso delle fabbriche di armamenti francesi, delle grandi industrie di Le Creusot*". Per tutta la Campagna di Francia, Skorzeny si ritrovò ad "*inseguire*" con la sua unità le truppe al fronte. Il suo ruolo, sebbene faticoso fisicamente, era comunque privilegiato rispetto ai soldati di prima linea. Il giorno del suo compleanno, addirittura, riuscì ad organizzare una piccola festicciola con dei camerati in una osteria a Marmagne. L'avanzata tedesca in Francia prosegui, come è noto, inesorabile. Il 22 giugno, un sabato, arrivò improvvisa, ma attesa, la notizia dell'armistizio con i francesi. "...*Eravamo pervasi dall'allegria e speravamo in una lunga pace durevole. [...] Ma i giorni spensierati vissuti nella bella Francia passarono presto!*", ricorda Skorzeny nelle sue memorie. Giunse infatti l'ordine di partenza immediata. Proveniva dall'Alto Comando tedesco e non doveva essere certo roba da poco. Destinazione: Olanda. Inizialmente non fu chiaro il motivo per il quale fosse arrivato quell'ordine. L'Olanda era già stata occupata mesi prima e si trovava sotto il controllo del *Reich*. Che ci avrebbe fatto un reggimento di élite in un paese in pace? L'Europa era oramai sotto dominio tedesco, pertanto una simile destinazione doveva significare che qualcosa di importante bolliva in pentola. Skorzeny aveva sentore che il *Reich* stava indirizzando la propria attenzione verso l'Inghilterra. L'austriaco, infatti, fu incaricato della realizzazione di un progetto tanto singolare quanto complesso: progettare un ponte, da posare sul mare, in grado di sopportare un peso di almeno venti-trenta tonnellate, che sarebbe stato usato per il trasferimento a terra di pezzi di artiglieria. L'incarico fu reso ancor più difficile dal poco tempo a disposizione: due soli giorni. Nonostante le difficoltà, Skorzeny riuscì a progettare e realizzare in tempi rapidi quello strano ponte, che qualche giorno dopo fu provato nelle acque olandesi.

Preparativi tedeschi per l'operazione *Seelöwe*, **estate 1940. Prove di impiego di carri anfibi.**

Il test, pero, a differenza del progetto, non andò a meraviglia. Complice un attacco aereo inglese, che non facilitò le cose, il ponte dimostrò sì di essere robusto, ma estremamente vulnerabile in caso di vento o di mare leggermente mosso. Del resto, in quarantotto ore, era praticamente impossibile fare di meglio. Sarebbe servito più tempo. Ma non ce ne fu bisogno. Come è noto, infatti, l'operazione *Seelöwe* (Leone Marino), la progettata invasione dell'Inghilterra, naufragò per tutta una serie di motivi che, ancora oggi, costituisce oggetto di studio e di discussione tra gli storici. Il 1940 trascorse dunque senza particolari colpi di scena nella vita di Skorzeny. L'anno si chiuse in sordina, eccezione fatta per la promozione ricevuta al grado di *Untersturmführer*, che ovviamente l'austriaco non mancò di festeggiare con i suoi commilitoni. Durante lo stesso periodo, il reggimento aumentò il proprio organico e Skorzeny fece la conoscenza di un giovane comandante, il suo comandante, l'*SS-Hstuf.* Jochen Rumohr, che ricorda con ammirazione nelle sue memorie: "...*La sua grande personalità, il suo ferreo carattere ed il suo stile di comando contribuivano a formare l'immagine dell'ufficiale tedesco così come io l'avevo pensata*". Con Rumohr, Skorzeny instaurò un ottimo rapporto, che si consolidò al fronte e negli anni a seguire. Una settimana prima di Natale, giunse un nuovo ordine di trasferimento, a sud. Non era chiaro quale fosse l'incarico che la divisione SS "*Reich*" avrebbe dovuto ricoprire. Probabilmente, pensò Skorzeny, dato che si stavano dirigendo verso Marsiglia, dove sarebbero dovuti giungere al più presto lasciando al seguito ciò che non fosse strettamente necessario, non è da escludere che sia stata decisa l'occupazione di quella porzione di Francia non ancora sotto il controllo militare tedesco. Fu forse la prima volta che Skorzeny si sentì ad un passo dalla battaglia. Ma ancora una volta, la politica si intromise nella vita dell'austriaco quando il 22 dicembre, arrivò il contrordine: niente più prima linea. Il Natale Skorzeny lo trascorrerà in licenza a casa, prima di riprendere di nuovo il servizio pochi giorni dopo. I primi mesi del 1941 furono segnati da una relativa tranquillità, come ricorda lo stesso Skorzeny: "....*Disponevo ora di più tempo libero e ne approfittai per approfondire le mie conoscenze linguistiche ed entrare in più stretti rapporti con i miei uomini*".

Campagna Balcanica

Nel marzo dello stesso anno, grazie al "pasticcio" italiano in Grecia ed alla difficile situazione politica Jugoslava, la divisione SS "*Reich*" fu nuovamente mobilitata per il fronte. Si sarebbe dovuta recare in Romania, nella sua zona sud-orientale, attestandosi nei pressi del confine e da lì prendere parte all'invasione della Jugoslavia, che da qualche giorno, a causa di un colpo di stato, era uscita dal Patto Tripartito. Questa volta Skorzeny non aveva dubbi, sentiva la prima linea vicina. L'azione, infatti, riguarderà tutti, militari del genio compresi e non sarà come in Francia dove il reparto di Skorzeny dovette inseguire i commilitoni al fronte. Il trasferimento, effettuato non senza pochi problemi a causa delle malconce strade dell'Europa sud-orientale, si concluse quando lo Stato Maggiore della divisione stabilì il quartier generale a sud di Timisorara, nei pressi del confine con la Jugoslavia. Il varco della frontiera e quindi l'attacco fu programmato all'alba del 6 aprile, più precisamente alle 05:45 del mattino.

Reparti della *'Reich'* attraversano un corso d'acqua in Jugoslavia.

Era una domenica. Come sperato, anche Skorzeny prese parte all'invasione: "...*Eravamo tutti eccitatissimi per il battesimo del fuoco della nostra divisione. Venni contagiato dall'atmosfera generale: anch'io avrei preso parte per la prima volta ad un vero combattimento. [...] Gli uomini erano tutti al riparo nelle trincee, gli occhi fissi sulle linee nemiche...*", ricorda Skorzeny. All'ora stabilita, fu dato il segnale convenzionale e l'artiglieria iniziò a fare fuoco, per spianare la strada alla fanteria e creare qualche spazio utile all'avanzata, in quel fitto bosco che al confine separava la Romania dalla Jugoslavia. «*I carri nemici cominciarono a spararci addosso e varie mitragliatrici presero d'infilata sul nostro fianco destro. Il capitano Rumohr ed io ci appiattimmo contro il fieno, aspettando. [...] Il fuoco aumentò di volume e la strada su entrambi i lati della frontiera venne presa di mira. Le trincee nemiche cominciarono ad animarsi. Un nostro carro armato, colpito, cominciò a bruciare. Subito dopo vedemmo alcuni puntini che venivano avanti, verso di noi. Ma quasi immediatamente altri puntini si mossero in senso contrario: la nostra fanteria entrava in azione. Il rumore andò aumentando. Dopo un paio d'ore ritornò la calma e ricevemmo l'ordine di avanzare. [...] L'avanzata continuò per qualche chilometro, sino a Vršac. La città era stata presa dalle nostre truppe poche ore prima".* Benché emozionato e contento per aver partecipato all'offensiva, Skorzeny apparteneva pur sempre ad un reparto di seconda linea e visse l'azione più da spettatore che da protagonista. Ma era solo questione di tempo. Dopo qualche giorno, giunse anche per Skorzeny l'occasione di trovarsi faccia a faccia con il nemico. Al comando di un plotone, fu inviato di pattuglia su delle colline.

Colonna motorizzata della divisione *Reich* a Belgrado, primavera 1941.

Riuscì ad avvistare una unità nemica ed anziché tentare lo scontro diretto, giocò d'astuzia. Lasciò avvicinare l'unità alla sua posizione e rimanendo celato con i suoi uomini, puntando tutto sulla sorpresa, attese pazientemente il momento giusto per balzar fuori dal suo nascondiglio ed intimare la resa al nemico. Il trucco riuscì e Skorzeny fece ritorno al comando con ben 63 prigionieri, tra cui tre ufficiali. L'azione gli valse la citazione nel bollettino giornaliero e la promozione al grado di *SS-Obersturmführer*. Decisamente un buon inizio.

La Campagna di Russia

Ben presto anche la Jugoslavia cedette alla potenza della macchina da guerra tedesca ed in poco più dieci giorni il governo golpista fu costretto a chiedere la resa. A quale altra nazione sarebbe toccata una sorte simile? Non trascorse molto tempo da quel 20 aprile, giorno in cui Skorzeny ricevette la promozione, che la sua divisione fu trasferita in Polonia, mentre Skorzeny era stato designato come *TFK,II./SS-Art.Rgt. 'Reich'*. La sigla *TFK* stava per *Technischer Führer für das Kraftfahrwesen*, letteralmente Responsabile tecnico per la formazione delle truppe adibite al trasporto. Fu chiaro, a quel punto, che Hitler stava guardando ad est, laddove in molti prima di lui avevano fallito: "*...Il nemico è la Russia»*, disse un generale intento ad arringare i soldati la sera prima dell'invasione, come riporta Skorzeny nelle sue memorie, "...*Andremo all'attacco alle cinque antimeridiane. Il destino della Germania, anzi, dell'Europa dipende da noi. Non dobbiamo fallire*".

Reparti della *'Reich'* al seguito del *Panzergruppe Guderian*, giugno 1941.

La divisione SS *'Reich'* fu inquadrata nel *2.Panzergruppe* del Generale Guderian, a sua volta facente parte del *XLVI.Armee-Korps*, che sarebbe dovuto avanzare lungo la direttrice Minsk-Smolensk in direzione di Mosca. Inizialmente, però, la divisione non sarà impiegata per lo sfondamento e resterà in riserva a proteggere il fianco nord dell'avanzata, con lo scopo principale di annientare le sacche di resistenza nemiche, che inevitabilmente si verranno a creare a causa della veloce avanzata tedesca.

Pattuglia esploratrice della *'Reich'* in un villaggio sovietico, 1941.

Effettivamente, le fasi iniziali dell'operazione si svolsero con rapidità. Con la sua unità, solo durante la prima settimana di avanzata, l'austriaco compì ben cinquecento chilometri, cui fece eco l'enorme mole di prigionieri che i tedeschi riuscirono a catturare in sole due settimane: 300.000 a Minsk, 200.000 a Smolensk, 600.000 nei pressi di Kiev. Cifre decisamente impressionanti, che fecero assaporare la vittoria imminente e non lasciavano certo presagire quella catastrofe verso cui, invece, la Germania stava andando incontro. Skorzeny, in cuor suo, non si fece false illusioni e non gli servì molto tempo per capire che il gigante sovietico stava solo dormendo e che per i sovietici la guerra stava appena cominciando. Il primo presagio lo ebbe a Brest Litovsk. Quando Skorzeny entrò in città, che veniva considerata oramai sotto controllo tedesco, fu oggetto di alcuni spari provenienti da un edificio, all'interno del quale resisteva accanitamente una piccola guarnigione di sovietici, intenta a bloccare l'accesso al raccordo ferroviario.

Soldati tedeschi penetrano dentro Brest Litovsk, 1941.

Non ci volle molto perché i tedeschi reagissero all'attacco e prendessero di mira l'edifico con colpi di armi pesanti. Ma i soldati comunisti, di fronte all'ineluttabile, anziché arrendersi o fuggire si asserragliarono nuovamente, questa volta all'interno delle cantine, senza nessuna intenzione di cedere. Erano però in trappola, ma questo non sembrò preoccuparli. I tedeschi intimarono loro la resa. Di fronte al rifiuto dei sovietici, non vi fu altro da fare che allagare le cantine. La Russia non sarà certo stata invincibile, ma i sovietici, a quanto pare, avrebbero dato tutto il loro sangue prima di arrendersi al nemico tedesco. Il secondo presagio, Skorzeny lo ebbe allorché, avanzando verso Mosca, lasciò dietro di sé una compagnia a guardia di un ponte, che una volta rimasta isolata fu completamente annientata da un attacco dei sovietici, giunti non si sa da dove attraverso le paludi e dileguatisi nel nulla. Ma episodi significativi continuarono a non mancare. Un giorno Skorzeny ebbe l'incarico di prender possesso di una centrale elettrica, in una città che dopo alcuni giorni di accanita resistenza aveva improvvisamente ceduto il controllo ai tedeschi. L'austriaco rimase sorpreso non tanto dal fatto di aver trovato la centrale intatta, quanto piuttosto di averla trovata completamente vuota! I sovietici avevano fatto sparire tutto e non avevano lasciato praticamente nulla. Si stava delineando quella stessa strategia che più di cento anni prima aveva arrestato i piani di conquista del grande Napoleone.

Soldati sovietici si arrendono ad una pattuglia della *'Reich'*, 1941.

Granatieri SS in Russia, 1941.

Era chiaro che i sovietici, nonostante le sconfitte militari sul campo, stavano reagendo a modo loro, in maniera non convenzionale ma astuta. Sapevano sfruttare il territorio, il clima, le distanze e come più volte ebbero a dimostrare, specie nei mesi a venire, si rivelarono abili maestri nell'improvvisare e rimediare ad eventuali mancanze con qualche ingegnoso espediente. Nel corso dei mesi di guerra, infatti, le giornate di Skorzeny furono scandite da molti episodi singolari, che non lasciavano presagire niente di buono per i tedeschi. Come riporta Charles Foley nel suo libro *'Teste calde'*, riferendosi ai sovietici: "...*la loro vera resistenza cominciò con punture di spillo: autocarri sparivano appena avevano abbandonato la strada maestra, poi interi convogli andarono dispersi, truppe inviate alla loro ricerca non fecero ritorno. [...] Non si poteva mai essere sicuri di non incappare in un covo di nemici ben celato e più i tedeschi avanzavano e più questi si moltiplicavano. I Russi facevano la loro comparsa, colpivano e sparivano»*. Come è facile intuire, dall'esperienza sul fronte russo Skorzeny imparò molto. Oltre a perfezionare i dettami dell'arte militare ricevuti durante l'addestramento, ebbe modo di scoprire ed analizzare una serie smisurata di azioni di "*guerra non convenzionale*", molto simili a quelle dei *commandos*, che per l'austriaco costituì un prezioso bacino di esperienze da cui attingere nel momento in cui fu chiamato a comandare l'unità speciale a Friedenthal. Con il trascorrere del tempo, i presagi di Skorzeny iniziarono ad assumere sempre di più i contorni della realtà. Al fronte, la vita divenne ogni giorno sempre più dura e la tattica sovietica della "*terra bruciata*", con l'arrivo dell'autunno e poi dell'inverno, iniziò a produrre i suoi frutti non appena i tedeschi giunsero nei pressi di Mosca.

Paul Hausser, comandante della *'Reich'*, 1941.

Il 5 dicembre 1941, infatti, l'Armata Rossa diede il via ad un'imponente controffensiva su tutto il fronte, che costrinse i tedeschi ad indietreggiare ed assestarsi su posizioni retrocesse per evitare di essere completamente travolti. Incassato il colpo, il nuovo anno si aprì con qualche speranza in più per le forze germaniche, che a partire dalla seconda metà di gennaio riuscirono ad arrestare l'avanzata sovietica verso ovest.

Ma Skorzeny non poté prendere parte al riscatto tedesco. Nel mese di dicembre, infatti, a causa di problemi alla cistifellea, l'austriaco fu rispedito in patria e ricoverato presso l'ospedale di Karlsbad, a Vienna, dove, come racconta lo stesso Skorzeny "...*mi ritrovai con l'etichetta di 'G.V.H.', idoneo al servizio di guarnigione in Patria*".

Nasce l'unità speciale SS-Sonderverbände z.b.V. 'Friedenthal'

Una volta dimesso dall'ospedale, Skorzeny poté beneficiare di un breve periodo di licenza, la cui gradevolezza fu bruscamente interrotta dalla scomparsa del padre settantacinquenne. Nei successivi sei mesi, a causa della malattia che lo avrebbe accompagnato per molti anni ancora, prestò servizio a Berlino presso un centro di deposito: "...*Il mio lavoro, come quello di tutti gli altri ufficiali distaccati nei vari uffici, era avaro di soddisfazioni*", ma se non altro Skorzeny aveva a disposizione molto tempo libero, che non mancò di impiegare intelligentemente. Conobbe molti ufficiali della *Waffen SS*, con i quali condivise la propria esperienza al fronte, le preoccupazioni per un nemico sempre più potente e le possibili soluzioni da adottare per conseguire la tanto agognata vittoria finale. Proprio in riferimento a questo ultimo punto, a seguito dell'esperienza vissuta sul fronte russo, l'austriaco si stava interessando da tempo agli aspetti della "*guerra non convenzionale*" ed era rimasto colpito, per non dire affascinato, dall'attività dei *commandos* inglesi. Ne studiava le azioni, le tattiche, le tecniche di combattimento e i mezzi impiegati.

Skorzeny con il suo cane 'Tim' (*Skorzeny Files*).

Prestando servizio a Berlino, poteva infatti accedere alla (poca) letteratura disponibile sull'argomento e grazie ai molti contatti che ebbe non mancò di esprimere le proprie idee a riguardo con altri ufficiali tedeschi, nella speranza che qualcuno gli desse ascolto. Skorzeny, infatti, non mancava mai di sottolineare il fatto che la dottrina militare tedesca, vincente nei primi anni di guerra, stava cedendo il passo a tecniche di combattimento ancor più innovative, verso le quali la Germania sembrava assumere un atteggiamento di sufficienza. Ed in effetti, per tutto il 1942, i tedeschi sottovalutavano le potenzialità di quel tipo di guerra che i russi e gli inglesi, da poco più di un anno, stavano attuando a danno della macchina bellica tedesca. Del resto, la Germania disponeva delle migliori Forze Armate al mondo e considerava l'impiego di piccole unità speciali una risorsa secondaria, talvolta superflua[3]: perché inviare pochi uomini in territorio nemico quando è possibile impiegare un'intera armata ed esser sicuri di raggiungere l'obiettivo prefissato? Era questa la filosofia dominante nelle Forze Armate tedesche. Almeno fino alla prima metà del 1943, quando il conflitto assunse una piega decisamente negativa per le forze dell'Asse.

Walter Schellenberg.   **Ernst Kaltenbrunner.**

Al tempo Skorzeny stava pregustando la possibilità di far ritorno al fronte e lasciare definitivamente il noioso incarico di ufficio. Dal luglio del 1942, infatti, aveva frequentato dei corsi e sostenuto con successo i relativi esami per un ruolo da ingegnere in seno alla *3.SS-Panzer-Division 'Totenkopf'*, che nei primi mesi del 1943 fu nuovamente inviata sul fronte orientale. "*...I miei piani e i passi che avevo effettuato per rientrare nel vivo della guerra si rivelarono ben presto vani. Avevo sottovalutato le mie condizioni fisiche ed un nuovo attacco del mio male mi costrinse a ritornare a Berlino, per attendere lo sviluppo degli eventi*», racconta Skorzeny, al quale però il destino stava per riservare una piacevole sorpresa, che avrebbe cambiato il corso della sua vita. Verso aprile, il comando delle SS convocò Skorzeny per un colloquio con Walter Schellenberg, capo del *Sicherheitsdienst* (SD).

Membri della *SS-Sonderverbände z.b.V. 'Friedenthal'* **schierati, 1943.**

L'*SD*, da sempre in competizione con l'*Abwehr* di Canaris, aveva finalmente deciso di costituire una propria unità speciale sulla falsariga della unità speciali del *'Brandenburgo'* e

Otto Skorzeny

Schellenberg stava cercando l'uomo adatto a cui affidare l'incarico. Forse le idee innovative di cui tanto Skorzeny parlava con altri ufficiali erano giunte all'orecchio di Schellenberg, o forse quest'ultimo aveva avuto modo di leggere qualcuna delle molte note informative inviate dall'austriaco durante il 1942 al comando delle SS, per sottoporre al vaglio dei superiori le proprie idee sulla guerra del futuro. Difficile a dirlo. Più verosimilmente, pare che il nome di Skorzeny sia stato suggerito da una personalità di tutto rispetto, Ernst Kaltenbrunner, Comandante in Capo del *Reichssicherheitshauptamt* (RSHA)[4], anche lui austriaco e caro amico di Skorzeny da tempo. Di fronte alla proposta avanzata da Schellenberg, Skorzeny non poté far altro che accettare. Contestualmente, fu promosso al grado di *SS-Hauptsturmführer* e messo al comando di quella che nell'agosto dello stesso anno assumerà la denominazione ufficiale di *SS-Sonderverbände z.b.V. 'Friedenthal'*[5]. Friedenthal, vicino Berlino, fu anche la località presso la quale furono stabilite la scuola ed il comando del nuovo reparto, che Skorzeny dové tirare su da zero senza incontrare non poche difficoltà, spesso a causa della burocrazia. Compito principale dell'austriaco, almeno durante le fasi iniziale, fu quello di elaborare un programma di addestramento idoneo a formare agenti segreti e sabotatori, che fossero però anche ottimi combattenti. Ma non solo. A Skorzeny sarebbero serviti anche dei paracadutisti, degli esperti nuotatori, abili nel maneggiare non solo le armi tedesche, ma anche quelle del nemico ed anche essere in grado di parlare lingue straniere, senza contare che ognuno doveva essere capace di manovrare svariati mezzi di locomozione (non solo macchine e moto, ma anche imbarcazioni, mezzi pesanti e perfino locomotive!). Sotto questo punto di vista, lo studio compiuto nei mesi precedenti del fenomeno "*commandos*" da parte dell'austriaco si rivelò molto utile. Chiaramente Skorzeny fu anche supportato da quelle unità del *Reich* che già, in un modo o nell'altro, avevano a che fare con l'attività segreta o di intelligence, prime fra tutte la Divisione "*Brandeburgo*". Molti istruttori, così come molte reclute, provennero da tutte le Forze Armate del *Reich* e portarono con sé il proprio bagaglio di esperienze specifico. Grazie anche alla meritoria opera di Karl Radl, Skorzeny, in pochi mesi, riuscì a tirar su un piccolo reparto che nel settembre dello stesso anno prenderà parte, con successo, alla liberazione del Duce.

Note

[1] Letteralmente, "associazione degli studenti". Si tratta di associazioni a livello universitario o di scuola superiore, a tutt'oggi esistenti, che in Germania ed in Austria si occupano di portare avanti le tradizioni degli istituti di appartenenza o di provenienza.

[2] Skorzeny si riferisce al periodo successivo alla fine della Campagna di Polonia, comunemente definiti come la "strana guerra" e caratterizzato da un momento di stasi delle operazioni militari.

[3] Fino a quel momento, gli unici impieghi di unità tedesche dietro le linee furono condotti o dai *Fallschirmjäger*, che venivano paracadutati dietro le linee per assumere e mantenere il controllo di capisaldi necessari all'avanzamento della fanteria, o dagli uomini della Divisione "*Brandeburgo*", alle dipendenze dell'*Abwehr*, che venivano spesso impiegati in missioni a metà tra l'azione di *commandos* e lo spionaggio.

[4] *Reichssicherheitshauptamt*, Ufficio centrale per la sicurezza del Reich. Era un apparato delle SS che racchiudeva al suo interno l'*SD*, la *Gestapo* e la *Reichkriminalpolizei* (o *Kripo*).

[5] Prima di assumere questa denominazione, l'unità era conosciuta come *SS-Sonder-Lehrgang "Orianenburg"* e dipendeva dalla sezione VI-F del (SD), che si occupava di fornire supporto tecnico per le attività di intelligence al di fuori dei confini tedeschi. Nel 1944, la *SS-Sonderverbünde z.b.V. "Friedenthal"* cambierà nome in *SS-Jäger-Bataillon 502*.

Operazione "Quercia": la liberazione di Benito Mussolini dal Gran Sasso

Il *Fieseler 'Storch'* impiegato per la liberazione del Duce.

Il *Fieseler Fi 156 'Storch'* ('Cicogna') era un aereo fenomenale. Un piccolo monomotore leggero, ma potente, in grado di atterrare su piste molto corte e addirittura di decollare in uno spazio di soli trenta, quaranta metri. La *Luftwaffe* impiegava molto questo velivolo, sia per la ricognizione aerea ad alta quota che per le operazioni di salvataggio ed i collegamenti tra i reparti lungo la linea del fronte. Proprio su uno di questi aerei, nel luglio del 1943, viaggiava nei cieli della Sicilia il Maggiore dei paracadutisti tedeschi Harald-Otto Mors, Veterano di Creta e di Russia. Era giunto a Catania a seguito dello sbarco Alleato in Sicilia del 10 luglio e dell'ordine di Hitler di inviare sull'isola una buona aliquota della *1.Fallschirmjäger-Division*, allo scopo di anticipare le mosse del nemico con l'occupazione di alcuni punti strategici nei dintorni della città siciliana. Assumendo il controllo di strade e ponti antistanti Catania, infatti, gli Alleati non sarebbero stati in grado di proseguire nella loro avanzata verso est ed ottenere il definitivo controllo dell'isola. Inoltre i parà tedeschi, mantenendo salde le loro posizioni, avrebbero dovuto garantire il ripiegamento dei reparti della *Wehrmacht* verso la penisola e consentire loro di attraversare il canale di Sicilia in totale sicurezza.

Fallschirmjäger impegnati in Italia, Settembre 1943.

Il Duce Benito Mussolini.

Il piano di Hitler riuscì, grazie alla tenace resistenza dei *Fallschirmjäger*, complice qualche errore strategico da parte degli Alleati. Ma si trattò di un successo di breve durata. Era solo questione di pochi giorni ed il nemico, oramai prossimo ad impadronirsi dell'isola, avrebbe ben presto ripreso l'iniziativa. Tamponato per il momento il pericolo di una rapida avanzata Alleata in Italia, la situazione militare italiana rimaneva comunque incerta e le ripercussioni politiche sul fronte interno non tardarono ad arrivare. In quei giorni, più precisamente il 19 luglio, Mussolini si trova a Villa Gaggia, vicino Belluno. E' previsto un incontro con il *Führer* per fare il punto sulla precaria situazione militare in Italia ed il Duce ha forse l'ultima possibilità di evitare il crollo politico dell'Italia Fascista. In molti, tra militari e gerarchi, sperano che Mussolini riesca ad ottenere il placet da Hitler per una pace separata con gli Alleati o, quantomeno, la promessa di nuove armi e mezzi per poter continuare a sostenere lo sforzo bellico. L'incontro di Feltre, è questo il nome con cui è passato alla storia, inizia però sotto i peggiori auspici. Hitler non è dell'umore giusto per acconsentire a tali richieste e di fatto tronca sul nascere ogni speranza italiana.

Hitler e Mussolini durante l'incontro di Feltre, nel luglio 1943.   Dino Grandi.

Per di più, durante il colloquio, Mussolini e l'Italia subiscono un altro duro colpo: è appena giunta la notizia che gli americani hanno bombardato Roma! Hanno colpito il grande scalo ferroviario di San Lorenzo, ma in realtà la vera tragedia è data dalle 1.500 vittime registrate tra i civili. Il fallimento dell'incontro di Feltre ed il successivo bombardamento della città di Napoli, avvenuto il giorno seguente, non fanno altro che rendere la precaria situazione politica italiana ancora più instabile ed accrescere i malumori di chi, da tempo, trama per la destituzione del Duce ed auspica la fine del Fascismo in Italia. Ma non dovranno trascorrere molti giorni, quando nella notte di quel fatidico 25 luglio 1943, il Gran Consiglio del Fascismo approva l'ordine del giorno Grandi, con il quale si

Vittorio Emanuele III.

chiede al Duce "*l'immediato ripristino di tutte le funzioni statali*" e la sua intercessione presso il Re "*affinché egli voglia, per l'onore e la salvezza della Patria, assumere con l'effettivo comando delle Forze Armate di terra, di mare e dell'aria, secondo l'articolo 5 dello Statuto del Regno, quelle supreme iniziative di decisione che le nostre istituzioni a lui attribuiscono*". In altre parole, destituendo Mussolini dalla guida del paese, si auspica che il Re, reintegrato nelle sue prerogative, possa condurre l'Italia fuori dal conflitto. Una speranza che tuttavia, come dimostreranno gli eventi, sarà ben presto disattesa. Lo stesso 25 luglio, di pomeriggio, il Duce si reca dal Re. E' consapevole che la sua uscita di scena è oramai prossima, ma di certo non immagina quello che lo attende. "*Vengo al pomeriggio del 25 luglio, nel quale accadde, nella mia già abbastanza avventurosa vita, la più incredibile delle avventure*", racconterà Mussolini, dopo la sua liberazione, il 18 settembre 1943 dai microfoni di Radio Monaco. "*Il colloquio con il Re a Villa Savoia durò venti minuti e forse meno. Trovai un uomo col quale ogni ragionamento era impossibile, poiché egli aveva già preso le sue decisioni e lo scoppio della crisi era imminente. E' già accaduto in pace e in guerra che un ministro sia dimissionato ed un comandante silurato. Ma è un fatto unico nella storia di un uomo il quale, come colui che vi parla, aveva per 21 anni servito il Re con assoluta, dico assoluta, lealtà, sia fatto arrestare sulla soglia della casa privata del Re, costretto a salire su una autoambulanza della Croce Rossa con il pretesto di sottrarlo ad un complotto e condotto ad una velocità pazza, prima in una e poi in un'altra caserma dei Carabinieri*". In stato di fermo presso la Caserma Allievi dei Carabinieri, Mussolini riceve un messaggio a firma del nuovo Capo del Governo, il Maresciallo d'Italia Pietro Badoglio, il cui contenuto è volto a mitigare le perplessità del Duce sull'accaduto.

La prima pagine del giornale 'La Stampa' di Torino del 26 luglio 1943.

29

Otto Skorzeny

Mussolini e Badoglio.

Il generale Kurt Student.

Paracadutisti tedeschi sul Gran Sasso, settembre 1943.

"Tengo a far sapere a V.E. che quanto è stato eseguito nei Vostri riguardi è unicamente dovuto al vostro personale interesse, essendo giunte da più parti precise segnalazioni di un serio complotto contro la Vostra persona. Spiacente di questo, tengo a farVi sapere che sono pronto a dare ordini per il Vostro accompagnamento, con i dovuti riguardi, nella località che vorrete indicare". La località che Mussolini volle indicare fu la stessa che qualche ora prima aveva comunicato al Re, esprimendo la sua intenzione di volersi ritirare a vita privata. *"Desidero ringraziare il Maresciallo d'Italia Pietro Badoglio per le attenzioni che ha voluto riservare alla mia persona. Unica residenza di cui posso disporre è la Rocca delle Caminate, dove sono disposto a trasferirmi in ogni momento. Desidero assicurare il Maresciallo Badoglio, anche il ricordo del lavoro in comune svolto in altri tempi, che da parte mia non solo non gli verranno create difficoltà di sorta, ma sarà data ogni possibile collaborazione. Sono contento della decisione presa di continuare la guerra con gli Alleati, così come l'onore e gli interessi della Patria in questo momento esigono e faccio voto che il successo coroni il grave compito al quale il Maresciallo Badoglio si accinge in nome e per ordine di S.M. il Re del quale, durante ventun anni, sono stato leale servitore e tale rimango. Viva l'Italia!".* Ma il messaggio cordiale del nuovo Capo del Governo, in verità, era solo una farsa e serviva soltanto a rassicurare l'animo di un prigioniero il cui futuro era già stato deciso da tempo. La realtà dei fatti era ben diversa. Nessun complotto, nessuna esigenza di sicurezza, nessuna possibilità di lasciare la caserma, ma soprattutto nessuna continuazione della guerra a fianco dei tedeschi. Il nuovo Governo è una sorta di giunta militare che cerca affannosamente di tenere a bada, da una parte, le pressioni interne provenienti dagli ambienti antifascisti, dall'altra di sminuire lo scetticismo dell'alleato tedesco che già da qualche mese ha iniziato a dubitare della lealtà degli italiani. Perplessità che assunsero ben presto i contorni della certezza, allorché lo stesso 25 luglio, alle ore 22:47, l'annunciatore radiofonico dell'EIAR, Giovanbattista Arista, annuncia il seguente proclama: *"Attenzione! Attenzione! Sua Maestà l'Imperatore ha accettato le dimissioni dalla carica di Capo del Governo, Primo ministro e Segretario di Stato, presentate da Sua Eccellenza il*

Cavaliere Benito Mussolini e ha nominato Capo del Governo, Primo Ministro e Segretario di Stato, Sua Eccellenza il Cavaliere Maresciallo d'Italia Pietro Badoglio".

Hitler e Goebbels alla *Wolfsschanze*, 1943.

Liberate il Duce!

Alla notizia, Hitler andò su tutte le furie e già come più volte in passato reagì d'impulso, prefigurando per l'Italia e la Monarchia pesanti rappresaglie. *"Voglio che il Duce sia condotto immediatamente in Germania"*, disse Hitler al suo Stato Maggiore presente quel giorno alla *Wolfsschanze*, la tana del lupo, *"....ritengo che dovremmo occupare Roma con la* 3.Panzergrenadier Division *ed arrestare tutto il Governo!"*. In cuor suo, probabilmente, aveva già capito che l'Alleato avrebbe presto cambiato fronte e che la destituzione del Duce, celata da delle improbabili dimissioni, altro non era che il primo passo in quella direzione. Ma ben presto la furia, con la complicità di alcuni Generali che riuscirono a persuadere il *Führer*, lasciò il posto alla razionalità. La decisione finale di Hitler, tuttavia, non fu dissimile: il Duce doveva essere trovato e liberato, non importa a quale prezzo. Alla *Wolfsschanze* l'attività si fece subito frenetica. Non c'era tempo da perdere e bisognava agire con rapidità, dal momento che nessuno, in quel momento, poteva lontanamente immaginare quale destino gli italiani avessero riservato al Duce. Lo avrebbero consegnato agli Alleati? Lo avrebbero ucciso?

Agosto 1943, Hermann Göring e Hitler a colloquio.

Hitler e Mussolini durante un incontro.

Nessuno poteva saperlo. Quel che era certo è che l'Italia non avrebbe retto a lungo a fianco della Germania e se i Tedeschi non si fossero voluti ritrovare gli Alleati alle porte della Germania in breve tempo, era necessario dare un segnale forte, sia militarmente che politicamente[1]. Il 26 luglio, durante la consueta riunione delle 12:00, viene deciso di costituire una unità speciale con il compito di trovare il Duce e liberarlo. Sono presenti alla riunione, oltre al *Führer*, alcune delle più alte cariche del *Reich*, tra cui il Maresciallo dell'Aria Hermann Göring. Mosso dal costante desiderio di dar lustro al proprio corpo, quest'ultimo coglie la palla al balzo e suggerisce di impiegare i suoi *Fallschirmjäger*, indicando nella persona del Generale Kurt Student, l'uomo adatto alla pianificazione ed alla conduzione di questa delicata operazione. Hitler acconsente ed ordina subito che Student sia convocato alla *Wolfsschanze* per assumere l'incarico.

Heinrich Himmler.

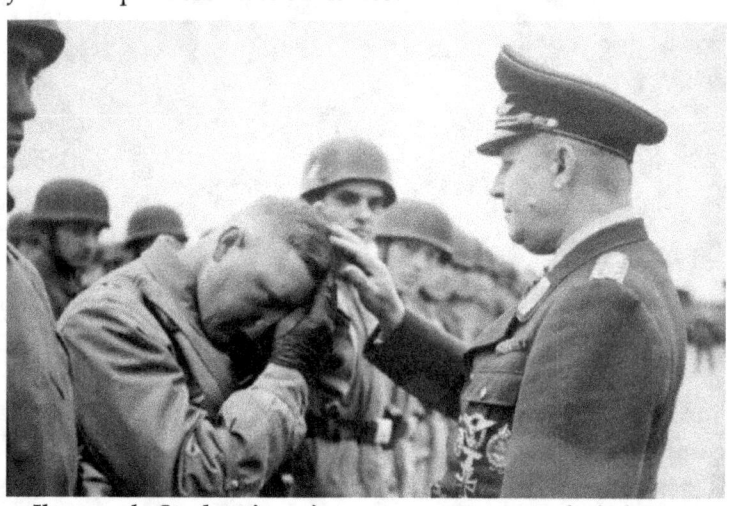

Il generale Student ispeziona un reparto paracadutisti, 1943.

SS-Hstuf. Otto Skorzeny.

Tuttavia il corpo dei paracadutisti, altamente specializzato dal punto di vista militare, non dispone però di specialisti in grado di assolvere a tutte quelle attività preliminari di intelligence, necessarie per individuare il luogo in cui è detenuto il prigioniero Benito Mussolini. Servono delle spie, degli uomini in grado di compiere intercettazioni e pedinamenti, degli esperti di sabotaggio. Servono dei professionisti, perché trascurare questa fase vorrebbe dire pregiudicare in partenza il buon esito dell'operazione militare. Pertanto, a tale scopo, vengono impartiti ordini affinché alla *Wolfsschanze* siano convocati rapidamente alcuni Ufficiali dell'*Abwehr*, appartenenti sia alla (neo) Divisione "*Brandeburgo*", e della *Luftwaffe*, provenienti da reparti speciali di ricognizione aerea[2]. Alla riunione in questione partecipa anche Himmler, Capo Supremo delle SS. Anche lui, come Göring, desidera il suo corpo sia coinvolto nell'operazione e suggerisce al *Führer* di prendere in seria considerazione anche le unità speciali della *Waffen SS*. Ed ecco che entra in scena Otto Skorzeny, il quale, nella giornata del 26 luglio, si trova a Berlino e sta trascorrendo alcuni momenti di relax insieme ad un vecchio amico, un professore dell'Università di Vienna. "...*Il 26 luglio 1943 sto facendo colazione all'albergo Eden, situato al centro di Berlino, con un vecchio amico*", racconta Skorzeny nelle sue memorie. "...*Questo breve intermezzo di vita civile, non porto neppure l'uniforme in quel momento, avrebbe dovuto conferirmi una sensazione di calma, di distensione; invece, mi sentivo invadere gradatamente da un'inquietudine bizzarra ed inspiegabile. Benché ripeta continuamente a me stesso che il telefonista dell'albergo sa dove mi può trovare, non riesco a liberarmi da quel senso di oppressione. Alla fine, non riuscendo più a dominarmi, telefono all'ufficio. La mia segretaria era in preda alla più vivace agitazione. Da due ore, tutti mi stavano cercando inutilmente. 'Il Quartier General del Führer ha chiesto di Lei', mi ripete continuamente all'apparecchio. '...Un aeroplano l'attende alle 17:00 all'aeroporto di Tempelhof'. Comprendo allora il motivo dell'agitazione generale, perché fino a quel giorno nessuno del quartier generale mi aveva mai cercato*". Terminata la telefonata, Skorzeny si congeda frettolosamente dall'amico professore e prende un taxi per raggiungere l'aeroporto. Durante il tragitto non fa altro che pensare a quale possa essere il motivo di questa improvvisa convocazione, ma non riesce a trovare una risposta certa. Di certo qualcosa bolle in pentola. E' solo questione di tempo e ben presto tutto gli sarà più chiaro. All'aeroporto di Tempelhof, intanto, Radl ed uno *Junkers Ju-52* attendono l'arrivo di Skorzeny. Indossata velocemente l'uniforme, Skorzeny ordina a Radl di mettere in stato di allerta le due compagnie a Friedenthal e di tenerle pronte in caso di bisogno. Saluta il suo aiutante, chiude il portello del velivolo: il volo inizia, ma le perplessità rimangono. Dopo poco più di tre ore e mezzo di volo, Skorzeny giunge finalmente alla 'tana del lupo'.

Otto Skorzeny si congratula con i membri di un suo reparto speciale, dopo un'operazione.

Ad attenderlo una Mercedes nera ed un fitta rete di sorveglianza e di controlli, fino a che, è quasi notte, giunge davanti alla cosiddetta 'Casina del Tè', una piccola costruzione in legno costituita dal solo pianterreno. Skorzeny entra nell'edificio e viene ricevuto da un Capitano, che lo presenta ai cinque Ufficiali presenti, anch'essi convocati per lo stesso motivo[3]. "*Signori, ora vi accompagnerò dal Führer*", disse il Capitano. "...*Ognuno di voi dovrà descrivergli brevemente la propria carriera militare; in seguito, egli vi farà forse qualche domanda. Venite con me, prego*". Inutile dire che alla notizia di incontrare il *Führer* in persona, Skorzeny viene colto dall'emozione e dalla paura di non riuscire a mantenere un atteggiamento che la circostanza inevitabilmente richiede. Nel frattempo, il Capitano accompagna i sei candidati in un ampio salone, all'interno del quale un grande tavolo in legno ed un grosso camino dominano la maggior parte dello spazio a disposizione. E' qui, in questa stanza, che a breve avverrà il fatidico incontro. I sei militari riescono appena a schierarsi in fila, per ordine di grado, che la porta di fronte a loro si apre ed il *Führer* fa il suo ingresso nella grande sala. Gli uomini si mettono sull'attenti ed Hitler saluta loro con il consueto saluto nazionalsocialista. Iniziano le presentazioni al *Führer*, così come indicato dal Capitano, a partire dall'Ufficiale più alto in grado che si trova all'estremità della fila. Ognuno di loro sintetizza in poche parole la propria carriera militare ed altrettanto fa Skorzeny quando giunge il suo turno. "...*Chi di voi conosce l'Italia?*", chiede Hitler improvvisamente. Dopo un breve ma interminabile momento di silenzio, Skorzeny risponde: "...*Ho visitato per due volte l'Italia*". "*Che cosa pensate dell'Italia?*", incalza Hitler rivolgendosi ai presenti. Anche questa volta alla domanda segue un breve silenzio dovuto all'imbarazzo, che viene rotto quando uno dei candidati inizia a rispondere con frasi che potremmo definire di circostanza. Anche gli altri quattro candidati rispondono in maniera simile al primo, mentre Skorzeny sarà il solo a sintetizzare la propria opinione sull'Italia con una frase secca e densa di significato: "...*Io sono austriaco, mio* Führer, *e non credo debba aggiungere altro!*".

Fallschirmjäger **impegnati sul fronte italiano, settembre 1943.**

La sua risposta, istintiva, coglie nel segno. "*Gli altri Ufficiali possono ritirarsi; lei, Capitano Skorzeny, rimanga ancora. Le debbo parlare*", ordinò Hitler[4]. Rimasto solo con il *Führer*, inizia il colloquio privato, che in breve assume sempre più i contorni del monologo. Hitler, racconta Skorzeny, iniziò a scagliarsi contro gli italiani e la loro inaffidabilità, a sottolineare il pericolo che Roma potesse cadere rapidamente in mani Alleate e si animava mano a mano che parlava. Finché giunse al punto. "...*Il mio amico Mussolini, il nostro fedele compagno di lotta, è stato tradito dal Re ed arrestato ieri dai suoi compatrioti. Ora, io non posso e non voglio abbandonare nel momento del pericolo il più grande di tutti gli italiani. [...] Bisogna che Mussolini venga tratto in salvo, perché, se non intervenissimo, gli italiani lo consegnerebbero agli Alleati. Incarico Lei di portare a termine questa missione, la cui buona riuscita avrà un valore incalcolabile per lo svolgimento delle operazioni militari in avvenire*". Dopo una breve interruzione, il *Führer* proseguì dettando i punti essenziali dell'intera operazione. "...*E' necessario che lei mantenga il segreto più assoluto sul suo incarico. Soltanto lei e cinque altre persone sono al corrente della cosa. Lei sarà trasferito nell'aviazione e posto sotto gli ordini del Generale Student, al quale ho già dato le necessarie istruzioni. [...] Lei dovrà compiere personalmente tutte le investigazioni occorrenti: il comando delle nostre truppe in Italia e l'ambasciata di Germania a Roma saranno tenuti all'oscuro di tutto; essi non si rendono affatto conto della situazione reale e quindi un'azione da parte loro sarebbe atta solamente a guastare i nostri piani. Lei mi risponderà personalmente di un'eventuale violazione del segreto. [...] Le auguro buona fortuna!*". "*Ho compreso perfettamente e farò del mio meglio per riuscire*", rispose Skorzeny e dopo una vigorosa stretta di mano con Hitler, si congedò dal suo *Führer*.

Bolzano, settembre 1943: soldati italiani catturati dai reparti tedeschi, avviati verso i campi di prigionia in Germania.

Terminato l'emozionante colloquio, Skorzeny fa appena in tempo a tornare alla Casina del Tè ed accendersi una sigaretta ed ordinare del caffè, quando uno degli addetti gli annuncia che il Generale Student lo attende in una stanza attigua. Skorzeny viene condotto in un piccolo ufficio. Student è già presente e dopo poco fa il suo ingresso nella stanza anche Himmler, il quale prende posto dietro ad una scrivania ed invita i due ad accomodarsi di fronte a lui. Il colloquio, anche in questo caso, si trasforma ben preso in un monologo del capo delle SS e le parole di Himmler, ricalcando quanto già detto dal *Führer*, non aggiungono niente di nuovo a ciò che i suoi interlocutori già conoscono.

Terminato l'incontro, Skorzeny riesce finalmente a parlare qualche minuto con il Generale Student e decidere il da farsi nell'immediato. Hitler era stato chiaro: della fase preliminare di intelligence si sarebbe occupato il *Sicherheitsdienst* (SD) nella persona di Skorzeny, mentre ai parà di Student toccava la pianificazione e l'esecuzione materiale dell'operazione di salvataggio. I due, pertanto, concordarono che la mattina seguente si sarebbero recati a Roma insieme e che, per ragioni di segretezza, Skorzeny doveva figurare come aiutante di campo del Generale. Contemporaneamente, circa una cinquanta uomini del gruppo di Friedenthal sarebbero stati trasferiti da Berlino nella Francia meridionale e qui, una volta riunitisi con gli elementi del *I./Fallschirmjäger Regiment 7*, avrebbero proseguito insieme per Roma. "...*Vedremo in seguito quel che vi sarà da fare quando saremo giunti sul posto. Credo che la nostra collaborazione sarà fruttifera. Dorma bene e a domani...*", disse il Generale Student congedandosi da Skorzeny.

Fase 1: trovare il Duce!

Nonostante l'augurio di Student, Skorzeny non chiuderà occhio. Assalito dalle preoccupazioni e dalla fretta di dover inviare quanto prima disposizioni a Friedenthal, trascorre buona parte della notte compilando liste di equipaggiamenti e valutando quali uomini scegliere per questa delicata operazione. Alle ore otto del mattino del 27 luglio, un *Heinkel He 111* attende Student e Skorzeny all'aeroporto della *Wolfsschanze*.

Un *Heinkel He 111* in volo.

Ai comandi del velivolo si trova il pilota personale di Student, il Capitano Gerlach, il cui ruolo risulterà fondamentale il prossimo 12 settembre 1943 sul Gran Sasso. Dopo un lungo volo, i due atterrano nel pomeriggio del 27 luglio all'aeroporto di Pratica di Mare, a 32 chilometri da Roma. Il giorno successivo atterrano a Pratica di Mare i parà di Student e dopo altri tre giorni anche Radl e 29 uomini dell'*SS-Jäger-Bataillon 502*[5], insieme a sette Ufficiali del *Sicherheitsdienst* e tre della *Gestapo* che coadiuveranno (e controlleranno) l'attività di intelligence degli uomini di Skorzeny. Come prima mossa, Student e Skorzeny decidono di prendere contatto con l'*Obersturmbannführer* Herbert Kappler, capo della SD a Roma e di informarlo della loro missione, in maniera tale che la sua rete di spie ed informatori possa subito mettersi in moto per la raccolta di informazioni preziose utili a trovare il Duce. Già, ma nel frattempo, che ne è stato del Duce? Kappler, che grazie ai suoi uomini ed all'influenza esercitata sulla Polizia Fascista era stato in grado di annunciare in anticipo gli eventi del 25 luglio 1943, è per il momento all'oscuro del luogo di detenzione del Duce e le voci che circolano in merito non sembrano certo aiutare.

Ostubaf. Kappler, 1943.   Soldati e *PzKpfw.IV* tedeschi in Italia, settembre 1943.

L'arresto di Mussolini sulla *Domenica del Corriere*.

Le notizie provenienti dalle varie agenzie di stampa sembrano fare a gara nel voler confondere una situazione di per sé già piena di interrogativi e dubbi. Secondo alcuni, per giustificare l'improvvisa uscita di scena di Mussolini, il Duce versa in precarie condizioni mentali ed è stato allontanato dal suo incarico; per altri, una malattia o lo sofferenze per vecchie ferite di guerra hanno costretto il Capo del Fascismo ad uscire di scena e riparare in Svizzera. Ma Berna smentisce e rilancia (avvicinandosi alla realtà) sostenendo che Mussolini si trova prigioniero dell'Esercito, sebbene contemporaneamente giungono segnalazioni della sua presenza in Spagna. In realtà, Benito Mussolini è ancora in Italia ed il giorno stesso dell'arrivo di Skorzeny e Student nella capitale è stato previsto il suo trasferimento dalla Caserma Allievi dei Carabinieri. In cuor suo, Mussolini è ancora convinto di essere sotto protezione, ma di lì a breve dovrà ricredersi. Giunge a prelevarlo in automobile il Generale Polito, capo della Polizia Militare del Comando Supremo. Mussolini è convinto che finalmente sarà condotto alla Rocca delle Caminate, così come gli era stato lasciato intendere, prima dal Re e poi da Badoglio. Ma la vettura, anziché dirigersi verso l'entroterra, imbocca la strada in direzione della costa tirrenica e nonostante l'insistenza del Duce, Polito risponde di non poter rivelare quale sia la destinazione finale Prima sosta a Gaeta, dove giungono in serata. Qui, in presenza del Colonnello dei Carabinieri Pelaghi, Mussolini viene preso in custodia dall'Ammiraglio Maugeri e fatto imbarcare sulla corvetta 'Persefone'. Il battello salpa dopo la mezzanotte, diretto all'isola di Ventotene, dove giunge alle prime luci dell'alba. Dopo una breve ricognizione dell'isola, i due Ufficiali decidono che il posto non è sicuro. Meglio proseguire per Ponza, altro luogo di confino, dove sarebbe stato più facile sistemare il prigioniero[6]. Giunti nell'isola in mattinata, Mussolini trascorre la prima notte nel piccolo carcere del luogo ed il giorno successivo viene fatto 'accomodare' in una casa verdastra semi abbandonata.

Il Duce in una foto antecedente al 1943.

Nonostante la segretezza con cui, a detta degli Ufficiali preposti alla custodia, vengono eseguiti tutti i trasferimenti del prigioniero, in molti, con stupore, si accorgono della presenza del Duce e la voce inizia ben presto a circolare, sia tra gli isolani che tra i detenuti politici presenti nell'isola. E non è certo un caso che per Mussolini il 'soggiorno' sull'isola durerà appena dieci giorni. Badoglio, infatti, è preoccupato per le voci che circolano e per la poca riservatezza che dovrebbe far da cornice alla detenzione di Mussolini. Il Maresciallo d'Italia, che già da tempo ha intrapreso rapporti segreti con il nemico per giungere ad un armistizio, sa bene che il Duce può rappresentare una carta a suo favore sul tavolo delle trattative con gli Alleati. Non volendo rischiare, ordina quindi che Mussolini sia trasferito in una località più sicura. Durante la notte tra il 6 e 7 agosto, insieme all'Ammiraglio Maugeri e ad ottanta Carabinieri, il Duce sale a bordo del cacciatorpediniere *Pantera* e poco dopo la mezzanotte il battello salpa in direzione dell'isola della Maddalena, in Sardegna. Una volta giunti a destinazione, il prigioniero viene preso in consegna dall'Ammiraglio Brivonesi e trasferito in quella che sarà (non per molto, anche questa volta) la sua nuova prigione, un edificio isolato sul mare, celato da sguardi indiscreti dalle rocce, da una fitta pineta e dalla presenza di numerosi Carabinieri

38

di guardia. L'edificio in questione prende il nome di Villa Weber. Questa volta i militari italiani si sono mossi con più accortezza e la sensazione è che siano riusciti a mantenere un'alea di mistero intorno alla presenza del Duce sull'isola. Al prigioniero non è consentito uscire dalla villa e girare liberamente nel parco; ha solo la possibilità di usufruire dell'ampio terrazzo che affaccia sul mare. Tuttavia qualche voce inizia ben presto a circolare e nonostante lo stretto cordone di sicurezza imposto, l'isolamento di Mussolini non è totale. Dopo soli cinque giorno di 'soggiorno', infatti, il Duce riesce a comunicare con l'esterno, attraverso un piccolo stratagemma. Ogni tre giorni, la figlia del guardiano della villa, Maria Pedoli, si reca a Villa Weber per provvedere al lavaggio dei panni del prigioniero ed entra in stretto contatto con il Duce. Costei invita Mussolini a scrivere dei bigliettini che ella stessa provvederà a nascondere tra la biancheria e a recapitare all'ex Podestà dell'isola, il Dott. Aldo Chirico. Mussolini, dopo una iniziale diffidenza, accetta. La donna diventa così il corriere segreto del Duce, il quale, nel suo primo messaggio, chiede lumi su quanto avvenuto in Italia dopo il 25 luglio. Chirico, dopo due giorni, risponde e comunica al Duce quanto in sua conoscenza. Si instaura così uno scambio epistolare segreto, costante, che ben presto andrà oltre il semplice scambio di notizie. Alla Maddalena le voci circolano, in molti hanno scoperto la presenza del Duce e pare addirittura che un gruppo di fascisti si stia organizzando per liberare Mussolini.

La Maddalena, Villa Weber.

Questa ipotesi, da molti ritenuta improbabile e mai confermata, sembra trovare riscontro in uno dei famosi bigliettini inviati dal Duce a Chirico, nel quale Mussolini invita qualcuno a segnalare l'esatto numero delle guardie presenti a Villa Weber ed afferma che il Dott. Chirico è al corrente del piano[7]. Il piano in questione, ovviamente non fu mai messo in atto, probabilmente a causa della mancanza di tempo e mezzi a disposizione. Ma qualcosa, evidentemente, si stava muovendo ed il Duce, grazie alle notizie ricevute da Chirico, poté chiarire molti dei dubbi che da quel fatidico 25 luglio continuavano a tormentarlo. Conscio di essere considerato una preziosa merce di scambio da parte di quegli italiani che lo avevano tradito e consapevole che i tedeschi non sarebbero rimasti inerti di fronte ai recenti avvenimenti, ebbe la conferma che attorno alla sua persona si stava giocando un'accesa partita, fatta di trame e depistaggi e che prima o poi qualcuno dei giocatori ne sarebbe uscito vincitore. A questo proposito, nel famoso discorso dai microfoni di Radio Monaco del settembre 1943, Mussolini affermerà: "...*Avevo la netta sensazione, pur essendo isolato dal mondo, che il Führer si preoccupava della mia sorte.[...] La parola 'fedeltà' ha un significato profondo, inconfondibile, vorrei dire eterno, nell'anima tedesca, è la parola che nel collettivo e nell'individuale riassume il mondo spirituale germanico. Ero convinto che ne avrei avuto la prova*". Niente di più vero, ma i tedeschi a che punto sono con le loro ricerche? Skorzeny, fin dal giorno successivo al suo arrivo in Italia ha ordinato ai suoi uomini, rigorosamente in abiti civili, di setacciare la capitale alla scoperta di tutti quei luoghi in cui, verosimilmente, il Duce potrebbe essere trattenuto. Questa mossa, però, un po' approssimativa, non porta ad alcun risultato di rilievo e fa perdere ai tedeschi solo del tempo. Del resto Skorzeny, al pari dei suoi uomini, è un novizio e non ha certo l'esperienza dei colleghi del SD di Kappler, i quali, grazie ai buoni rapporti con personalità importanti della Polizia italiana, riescono per primi a raccogliere informazioni preziose. Secondo le loro fonti, il Duce è stato prelevato a Villa Savoia da un'ambulanza il giorno stesso della sua destituzione e condotto ad una locale caserma dei Carabinieri. Purtroppo per i tedeschi, però, da quel fatidico sabato di mezza estate sono trascorsi svariati giorni e verosimilmente il prigioniero è già stato trasferito da qualche altra pare. L'informazione risulta comunque preziosa, poiché automaticamente vengono scartate alcune piste ed è possibile concentrare l'attività investigativa su altri indizi.

Paracadutisti tedeschi della 2.*Fallschirmjäger-Division* a Roma durante l'operazione *Achse*.

E' necessario perseverare nelle ricerche, senza perdere tempo, anche perché la fortuna sembra non voler stare dalla parte dei tedeschi. Per giorni la situazione non si smuove, sembra essere entrata in una fase di stallo. Gli italiani, oltretutto, hanno capito che i tedeschi stanno dando la caccia al Duce e non rendono loro la vita facile, attuando attività di disinformazione e compiendo depistaggi. Poi un giorno, finalmente, la svolta. Skorzeny riesce a venire in possesso di informazioni preziose, che trasmette subito a Student, il quale a sua volta provvede a girarla alla *Wolfscchanze*. E' successo che in un ristorante di Roma un commerciante di frutta si sia fatto scappare alcune confidenze.

Settembre 1943: paracadutisti tedeschi in azione a sud di Roma. In secondo piano, prigionieri italiani con le mani alzate, avviati verso un campo di raccolta.

La figlia di uno dei suoi clienti migliori a Terracina intrattiene una relazione con un Carabiniere, che presta servizio nell'isola di Ponza. I due innamorati intrattengono uno scambio epistolare frequente e recentemente, in una lettera, il Carabiniere ha raccontato alla sua amorosa che nell'isola è giunto un prigioniero molto importante. Il Carabiniere, ovviamente, non rivela l'identità dell'uomo, ma l'indiscrezione altro non lascia pensare che si tratti proprio di Benito Mussolini. L'indizio merita quindi tutta l'attenzione del caso e non può essere sottovalutato. Ed infatti, pochi giorni dopo, le rivelazioni del commerciante trovano indiretta conferma grazie alle imprudenti parole di un Ufficiale di Marina, il quale si è lasciato scappar detto che sulla nave dalla quale è da poco sbarcato il Duce è stato trasportato da Ponza a La Spezia[8]. Nel giro di 24 ore, da quanto la notizia è stata trasmessa alla 'tana del lupo', giunge a Roma un ordine inaspettato: passare subito all'azione e prelevare il Duce da La Spezia. Student e Skorzeny rimangono alquanto perplessi. A parte il fatto che un'eventuale incursione in una base militare della Regia Marina, tra le più importanti, se non la principale, in Italia è un vero azzardo e richiederebbe del tempo per la preparazione, quel che stupisce è che la decisione sia stata presa sulla base di informazioni sommarie, che sarebbe buona norma verificare con un'ulteriore attività investigativa in loco[9]. Fortunatamente per Student e Skorzeny, dopo neanche altre 24 ore, giunge sulla scrivania di Kappler una interessante segnalazione.

41

Ufficiali e mezzi corazzati della *90.Panzergrenadier-Division* **in Sardegna, 1943.**

L'informazione, a dire il vero, è molto simile alle tante che quotidianamente il *SD* deve vagliare. Proviene però dall'Ufficiale di collegamento della *Kriegsmarine* presso Supermarina, il Capitano di Fregata Hunäus, il quale è riuscito a sapere che il Duce è stato prima trasferito in Sardegna e successivamente in un isolotto a cinque chilometri dalla costa (presumibilmente l'isola della Maddalena o di Santo Stefano). Kappler, che ultimamente aveva ricevuto segnalazioni in merito alla presenza del Duce in Sardegna, ritiene che la pista sia valida e decide di verificare le informazioni appena ricevute. La nuova pista mette in secondo piano l'assalto al porto di La Spezia e a Skorzeny viene dato l'incarico di recarsi subito in Sardegna. Nel frattempo Student si concentrerà sulla messa a punto di un'operazione aviolanciata sull'isola, che potrebbe coinvolgere anche la *Kriegsmarine*, per la liberazione del Duce. L'8 agosto, Skorzeny, il Capitano di Fregata Hunäus ed il Tenente Robert Warger dello *SS-Jäger-Bataillon 502*, che parla fluentemente italiano senza alcun accento, raggiungono in aereo la Sardegna in qualità di marinai tedeschi ed iniziano subito la loro attività investigativa. Inizialmente Skorzeny decide di concentrare la sua attenzione sull'isola di Santo Stefano, ma ben presto, grazie anche ad una serie di preziosi indizi che riesce a raccogliere e alle informazioni che giungono da Roma, si rende conto che deve indirizzare le sue indagini verso l'isola della Maddalena. Riesce ad imbarcarsi su un dragamine che presta servizio nell'arcipelago e compie così un lungo giro di ricognizione, fotografando di nascosto vari punti di interesse. Skorzeny riesce a fotografare anche Villa Weber e, come riporterà nelle sue memorie, "*...la casa richiama particolarmente la nostra attenzione*". Terminata la ricognizione, come mossa successiva intende verificare se, effettivamente, sull'isola sia presente un prigioniero di riguardo. Per far ciò, decide di far leva sulla (nota) attitudine italica al pettegolezzo, utilizzando un semplice ma efficace espediente. Warger, che ufficialmente figura come l'interprete di Hunäus, inizierà a frequentare le osterie dell'isola, tenendo le orecchie ben aperte. Qualora dovesse spuntar fuori il nome di Mussolini, dovrà intromettersi nella discussione e sostenere che il Duce è deceduto a causa di una grave malattia. Con ogni probabilità, spera Skorzeny, qualche isolano, magari di buoni sentimenti fascisti, si scaglierà contro il marinaio tedesco e metterà in dubbio le sue parole. Warger, allora, dovrà sfidare il suo interlocutore proponendogli una scommessa: dimostrami che ho torto e ti darò del denaro. Per quanto fantasioso, il piano di Skorzeny riesce. Una sera un fruttivendolo, che rifornisce con i suoi prodotti Villa Weber, accetta la scommessa di Warger e conduce il tedesco in una villa a poca distanza da Villa Weber. L'italiano indica a Warger il terrazzo dove Mussolini è solito passeggiare, e sostiene persino di averlo visto la mattina stessa. Pagata la scommessa, il giorno dopo Warger inizia subito a ronzare intorno alla villa per studiare da vicino il posto, la dislocazione, il numero delle guardie, le ore in cui avviene il cambio e raccogliere tanti più elementi utili alla pianificazione di un'operazione di commando.

Un *Heinkel He 111* in volo.

A quanto pare l'ortolano aveva ragione ed i tedeschi sono finalmente ad un passo dal Duce[(10)]. Prima di passare all'azione, però, è necessario preparare un piano di attacco e per far ciò serve tutta una serie di informazioni che l'attività investigativa a terra non può fornire. E' necessario compiere una ricognizione aerea dell'isola e soprattutto della zona intorno a Villa Weber, per capire quali siano le zone di infiltrazione ed estrazione, individuare la collocazione delle difese italiane (antiaeree ed antinave) e le possibili vie di fuga. Non bisogna dimenticare, infatti, che l'isola era una piccola fortezza marittima ed una simile operazione, di per sé complicata in altri contesti, diventava ancora più difficoltosa in un luogo come la Maddalena. Skorzeny si reca quindi a Roma per ottenere la disponibilità di un aereo e il 18 agosto, dall'aeroporto di Pratica di Mare, decolla a bordo di un *Heinkel He 111* verso la Sardegna. Nel pomeriggio, dopo aver fatto scalo a Pausania, raggiungono finalmente l'isola della Maddalena e da una quota di 5.000 metri inizia la ricognizione. Ma, improvvisamente, "*...mentre sto ammirando gli splendidi colori delle onde...*", racconta Skorzeny, "*...attraverso il microfono mi raggiunge la voce del servente della mitragliatrice posteriore: 'attenzione, in coda! Due apparecchi da caccia inglesi!'*". Il grosso *Heinkel* non può nulla contro i veloci caccia e viene colpito. L'aereo inizia a precipitare: "*...Aggrappatevi bene!*", urla il pilota dal microfono ed in breve tempo l'*He 111* impatta sulla superficie del mare. Fortunosamente, Skorzeny ed i due piloti riescono a sopravvivere allo schianto, seppure con qualche ammaccatura. L'austriaco è addirittura riuscito a recuperare la macchina fotografica contenente le foto della ricognizione. Viene lanciato il razzo di segnalazione e dopo neanche mezz'ora, i tre tedeschi vengono prelevati da una imbarcazione della Regia Marina. La nave, attrezzata per la difesa contraerea, non si trovava lì per caso. Probabilmente stava proteggendo il nascondiglio di Mussolini.

Tuttavia il Comandante non si insospettisce ed ai tre naufraghi non viene chiesto alcunché. Saranno sbarcati in serata in Sardegna. Salvata la pelle, ma con tre costole rotte, Skorzeny riesce a far rientro a Pratica di Mare il 20 agosto, dove trova il suo aiutante visibilmente impressionato. Per due giorni, infatti, Radl aveva cercato invano di avere notizie di Skorzeny e dopo aver appreso che l'aereo sul quale volava era stato abbattuto e lo aveva dato per morto. Ma anche Skorzeny, qualche ora dopo il suo rientro a Roma, rimarrà esterrefatto tanto quanto il suo aiutante. Il giorno successivo, di comune accordo con Student, viene deciso di perfezionare il piano per la liberazione di Mussolini. Perdere altro tempo potrebbe voler dire farsi scappare il prigioniero una seconda volta ed il *Führer*, al quale viene fatto rapporto quasi ogni giorno, preme affinché si passi all'azione.

General der Fallschirmjäger **Student.**   **Ammiraglio Wilhelm Canaris.**

Ma, "*...come un fulmine a ciel sereno*", racconta Skorzeny, "*...ci perviene un ordine dal Quartier Generale del Führer. 'Il Quartier Generale ha ricevuto dai servizi segreti dell'Esercito* (direttamente dall'Ammiraglio Canaris, ndA) *un rapporto secondo il quale Mussolini si trova in un isolotto vicino all'isola d'Elba. Il Capitano Skorzeny preparerà immediatamente un attacco contro l'isolotto, con truppe aerotrasportate e ci indicherà il giorno in cui sarà pronto ad agire, avendo cura di accelerare il più possibile i preparativi'*". Che fare? La perplessità regna sovrana negli animi di Skorzeny, Student e Radl. Se la segnalazione proviene direttamente dall'Ammiraglio Canaris, non può che essere veritiera. E' evidente però che qualcosa non torna. Sia Student sia Skorzeny non hanno dubbi: il Duce si trova alla Maddalena, a Villa Weber. L'unico modo per capire qualcosa di più di questa situazione contraddittoria è recarsi alla *Wolfsschanze*. Student, non senza qualche difficoltà, riesce ad ottenere udienza dal *Führer* ed insieme a Skorzeny parte alla volta della Prussia Orientale. La sera stessa della clamorosa notizia, i due raggiungono la 'tana del lupo' e vengono ricevuti in udienza da Hitler. Presenti all'incontro, ci sono anche molte personalità importanti del *Reich*: il Ministro degli Esteri, von Ribbentrop, l'Ammiraglio Dönitz, Himmler, Göring, il Maresciallo Keitel ed il Generale Jodl. Student è il primo ad intervenire. Introduce la questione e lascia la parola a Skorzeny, al quale è affidato il difficile compito di convincere non solo il *Führer*, ma anche tutti i presenti, che Mussolini si trova alla Maddalena e che le informazioni in possesso di Canaris non possono essere ritenute attendibili. Ricorda così Skorzeny, nelle sue memorie, questo difficile momento: "...*dapprima mi sento paralizzato da una tremenda paura; gli sguardi delle otto personalità presenti mi ispirano un tale timore che dimentico perfino di consultare gli appunti preparati durante il viaggio. Ma poco a poco riesco a riprendere la mia sicurezza, ed espongo in tutti i particolari le diverse fasi delle mie ricerche, nel modo più chiaro possibile. I numerosi motivi su cui si basa la nostra affermazione secondo cui il Duce è detenuto alla Maddalena impressionano visibilmente i miei ascoltatori. Quando narro la scommessa fatta dal Tenente Warger ed il successo ottenuto con il mio stratagemma, alcuni dei presenti, specialmente Dönitz e Göring, abbozzano un sorriso. Appena ho terminato di parlare, getto uno sguardo di sfuggita all'orologio e mi accorgo che la mia esposizione è durata più di mezz'ora. Con gesto spontaneo, il* Führer *mi stringe la mano, dicendomi: 'Lei è riuscito a convincermi, Capitano Skorzeny. Certamente ha ragione, perciò ritiro l'ordine di attacco con i paracadutisti contro l'isolotto'"*(11). Che sia stata la passione con la quale ha esposto le sue ragioni o la bontà degli argomenti utilizzati, non ci è dato saperlo. Fatto sta che Skorzeny riesce nell'impresa ed incassa il placet di Hitler per passare all'azione, i cui punti salienti vengono illustrati al *Führer* ed ai presenti durante la stessa riunione poco dopo.

Da sinistra, Göring, Keitel, Dönitz, Himmler e Hitler durante una cerimonia.

Resta a questo punto da chiarire un interessante interrogativo. Come è possibile che Canaris abbia avuto la (quasi) certezza che Mussolini fosse all'isola d'Elba, a tal punto da convincere anch'egli il *Führer*? Canaris aveva ricevuto questa preziosa informazione direttamente dal Generale Cesare Amè, capo del Servizio Informazioni Militare, in occasione di un loro incontro avvenuto il 3 agosto 1943, al Lido di Venezia. Dunque, una fonte più che attendibile. In realtà, l'informazione era fasulla e faceva parte di un'operazione di depistaggio messa in atto dai servizi italiani al fine di tenere lontano i tedeschi da Mussolini. Già a partire dal 25 luglio, infatti, la diplomazia italiana si era mossa maldestramente di fronte alle perplessità tedesche in merito alla tenuta dell'alleanza e alle sorti del Duce e fin da subito il SIM era corso in aiuto della politica, attuando attività di depistaggio e disinformazione, volte a consolidare le posizioni ufficiali dell'Italia e sviare i tedeschi dalle reali intenzioni del Governo di allora.

Generale Cesare Amè.

Il giorno successivo al secondo incontro con il *Führer*, Skorzeny, insieme a Student, fa rientro a Roma. Immediatamente, i due si mettono al lavoro per dar effettivo seguito alle disposizioni impartite da Hitler il giorno prima e completare il piano dell'incursione. Ma che tipo di azione ha in mente Skorzeny? Come intende liberare il Duce dalla prigionia? Più che un'azione di commando vera e propria, Skorzeny concepisce un'operazione a metà tra lo sbarco anfibio e l'infiltrazione in territorio nemico. L'ufficiale austriaco intende infatti avvalersi della collaborazione della *Kriegsmarine*, che dovrà mettere a disposizione delle unità dragamine e delle *S-Boote* (motosiluranti). All'azione prenderanno parte gli uomini dell'*SS-Jäger-Bataillon 502*, più una compagnia di volontari della *Waffen SS*, appartenenti alla *Sturmbrigade 'Reichsfürer-SS'* di stanza in Corsica. Infine, se necessario, dovranno essere allertate anche le batterie contraeree della *Luftwaffe* presenti sempre in Corsica e nella parte settentrionale della Sardegna. Il piano prevede che il giorno prima dell'azione una squadriglia di *S-Boote* entrerà nel porto della Maddalena, con il pretesto di far visita ufficiale alle autorità italiane. Nel frattempo, i dragamine imbarcheranno in Corsica gli uomini del commando e si dirigeranno verso Palau, in Sardegna, andandosi ad ancorare di fronte al porto della cittadina.

Membri della *Sturmbrigade 'Reichsführer-SS'* in Corsica.

Durante la notte le due flottiglie, salpando dai rispettivi porti, simuleranno la loro partenza. In realtà i dragamine si dirigeranno verso la Maddalena per far sbarcare gli uomini, mentre le *S-Boote* rimarranno nei pressi dell'isola per proteggere dal mare tutta l'azione. Giunti a terra, un manipolo di uomini avrà il compito di isolare il forte dal resto della città e tagliare le linee telefoniche, mentre un altro si occuperà di sabotare i due idrovolanti presenti nel porto (per evitare che possano decollare ed attaccare le unità *S-Boote*). Nel frattempo Skorzeny, con il grosso del gruppo, si incamminerà verso Villa

Weber. Intende raggiungere la villa marciando, come se i suoi uomini stessero sfilando in parata. Ritiene che in questa maniera l'effetto sorpresa durerà più a lungo e che gli italiani, non sentendosi minacciati, non reagiranno con le armi. E' sua intenzione, infatti, "...*non sparare neppure un colpo*". Come dovrà svolgersi l'assalto alla Villa non è chiaro e qui il piano si fa molto approssimativo. Skorzeny infatti si limita a dire che "...*i particolari dell'attacco verranno decisi da me sul posto, a seconda delle necessità della situazione*".

Uno *Schnellboote* (S-*Boote*) in navigazione.

Quel che è certo è che il *commando* dovrà vedersela con 150 uomini di guardia, prima di riuscire a mettere le mani sul Duce e dileguarsi a bordo di alcune delle S-*Boote* che attendono in mare di fronte alla villa. "...*Con un pò di fortuna, l'impresa potrà svolgersi abbastanza facilmente..*", conclude Otto Skorzeny nelle sue memorie. La scelta di sbarcare in forze sull'isola, piuttosto che infiltrare una piccola squadra di uomini, fu probabilmente dovuta alle informazioni raccolte fino a quel momento, le quali convinsero l'austriaco che le probabilità di compiere con successo un'azione classica, chirurgica, fossero minime. Avendo a disposizione un buon numero di forze ed il supporto delle S-*Boote* in mare, i tedeschi avrebbero forse avuto qualche probabilità in più di successo nel caso in cui le cose si fossero messe male e questo almeno da un punto di vista militare. Politicamente, lo scontro diretto con gli italiani o peggio ancora il fallimento della missione avrebbe portato a conseguenze imprevedibili. Tuttavia, nonostante il rischio, Student, incaricato di occuparsi degli aspetti militari, approva il piano di Skorzeny. Non resta che passare all'azione! La missione è prevista per il 29 agosto. Il giorno precedente iniziano le operazioni di imbarco degli uomini sui dragamine e le S-*Boote* si recano in visita ufficiale nel porto della Maddalena. Skorzeny decide insieme a Warger di compiere un ultimo sopralluogo a Villa Weber, per sincerarsi che non vi siano stati cambiamenti dell'ultimo minuto da parte degli italiani. Travestiti da marinai tedeschi, con una cesta di biancheria sporca, i due si dirigono verso la casa della lavandaia. Per raggiungerla, guarda caso, è necessario passare proprio di fronte Villa Weber. Alla villa la situazione sembra tranquilla, la stessa di ogni giorno. Alcuni Carabinieri controllano la strada, mentre altri, dotati di mitragliatrici, sono di guardia al portone. I marinai raggiungono la casa della lavandaia, Warger consegna la biancheria sporca, mentre Skorzeny, con la scusa di aver bisogno di un bagno, si dirige tra le rocce, in posizione più elevata, da cui ha modo di controllare la situazione anche all'interno del giardino della villa. Nota che alcuni Carabinieri, stranamente, sono distesi sulla grande terrazza della villa, ma per il resto sembra tutto nella norma. Skorzeny fa ritorno alla casa della lavandaia e trova un Carabiniere, che presta servizio di guardia a Villa Weber. Come non intavolare un discorso con l'italiano e cercare di carpire qualche preziosa informazione? I due, con Warger nel ruolo di interprete, iniziano a chiacchierare. La discussione, inevitabilmente, verte sulla caduta del Duce, sul suo destino e sulla sua morte, di cui Skorzeny afferma di avere la certezza. "...*Impossibile, signore*", esclama il Carabiniere. "...*Coi miei propri occhi ho visto stamane il Duce. Facevo parte della guardia addetta alla sua persona. Lo abbiamo portato stamane sino all'aereo bianco su cui è stato trasferito*". Già, l'aereo bianco. Un idrovolante *Cant Z 501* della Croce Rossa, la cui presenza in rada, il giorno prima, e la sua dipartita, la mattina stessa del sopralluogo, non erano sfuggite a Skorzeny. Ma non ci aveva dato peso.

Un *Cant Z 501* 'ormeggiato' su una spiaggia.

Così come non aveva dato peso allo strano comportamento dei Carabinieri distesi sulla terrazza di Villa Weber. Ora è tutto più chiaro. Loro malgrado, Skorzeny e Warger prestano fede alle parole del Carabiniere e si convincono che il Duce non è più alla Maddalena. Rassegnati, non hanno però tempo prezioso da perdere. Gli uomini, infatti, sono già stati imbarcati sui dragamine, la visita ufficiale delle *S-Boote* è già iniziata, bisogna comunicar loro immediatamente che l'operazione è annullata. In tutta fretta, Skorzeny riesce a trovare un telefono. "...*Indietro a tutta forza! Ecco la mia parola d'ordine*", urla al suo aiutante, dall'altra parte della cornetta. Giusto in tempo. Radl, insieme al gruppo di attacco, era in procinto di salpare dalla Corsica con i dragamine. A quanto pare, ancora una volta, gli italiani hanno battuto sul tempo i tedeschi. L'interrogativo iniziale si ripropone: dov'è il Duce? Mussolini al momento si trova sul lago di Bracciano, dove è atterrato la mattina del 28 agosto nel bel mezzo di un (finto) attacco aereo. Astutamente, infatti, poco prima che il *Cant* toccasse le acque del lago, gli italiani hanno fatto scattare l'allarme antiaereo e costretto il piccolo manipolo di tedeschi presenti all'idroscalo a trovar riparo. In questo modo, lontano da sguardi indiscreti[12], hanno potuto compiere in tranquillità le operazioni di sbarco e consegnare il Duce al nuovo responsabile della sua custodia: l'Ispettore di Polizia Giuseppe Gueli. Mussolini, per l'ennesima volta, viene fatto salire su un'ambulanza, che in tutta fretta si dirige verso l'entroterra. Quale sarà la nuova meta del Duce? Il 27 agosto, a Roma, presso il Commissariato di Monte Mario, gli agenti in servizio sono stati chiamati in adunata. Tra di essi vi è anche un giovane agente di Polizia, Nelio Pannuti. Ben presto viene chiarito il motivo dell'adunata. Un superiore si rivolge agli agenti: "...*mi occorrono venti volontari per una missione speciale, alzino la mano*", racconta Pannuti, che prosegue "...*Io la alzai, non lo so perché*". Terminata la selezione, Pannuti e gli altri volontari vengono fatti partire immediatamente. Giungono in una caserma dove viene dato loro l'equipaggiamento necessario per la missione. "...*Ad ognuno di noi dettero un passamontagna, una pelliccia di quelle di pecora, di quelle che usano i pastori in Abruzzo, senza maniche, un cappotto, calzettoni e scarponi. Era agosto, faceva un caldo terribile.*

L'Hotel 'Campo Imperatore', sul Gran Sasso.

Il cavo della funivia ed in basso, la stazione di Assergi.

Ci dettero un mitra, due caricatori e un paio di bombe a mano". Perplessi della dotazione ricevuta, il gruppo continua il viaggio a bordo dei camion militari. "...*Si prese la Via Salaria. Ad un certo punto ci si inoltrò verso la montagna e uno di noi, che si vede era abruzzese, esclamò '...ma qui andiamo in Abruzzo!'*". Il commilitone di Pannuti aveva ragione. Si stavano dirigendo verso Assergi, una piccola località a quota 1.000 metri in provincia dell'Aquila, ai piedi del massiccio del Gran Sasso. Sul monte, a quota 2.130 metri, si trovava il più alto impianto sciistico di Europa: Campo Imperatore. Collegato ad Assergi da una piccola funivia realizzata nel 1934, a Campo Imperatore era presente un albergo, un'ampia costruzione di tre piani a forma di "D" in perfetto stile fascista[13]. Proprio, qui, in questo luogo isolato dal mondo, gli italiani avevano deciso di far trascorrere a Mussolini il resto della sua prigionia. L'isola della Maddalena, infatti, non era più ritenuto un luogo sicuro.

Spostamenti del Duce tra il luglio e il settembre del 1943.

Ancora una volta, così come era già avvenuto a Ponza, il chiacchiericcio aveva fatto circolare la notizia della presenza del Duce e gli italiani, nonostante l'alto livello di sicurezza, temevano che prima o poi qualcuno avrebbe tentato di liberare, o addirittura eliminare, il Duce[14]. Inoltre, è bene ricordarlo, Mussolini costituiva per Badoglio una importante merce di scambio con il nemico e le trattative intraprese dal suo Governo con gli Alleati stavano portando, di lì a sei giorni, alla firma dell'Armistizio di Cassibile. Campo Imperatore, invece, è un luogo decisamente sicuro e lontano da sguardi indiscreti, pressoché imprendibile se difeso adeguatamente. Protetto alle spalle dalle montagne, con una vista piena a valle e sulle piste di sci (che in agosto sono libere dalla neve), solo degli scalatori provetti potrebbero raggiungerlo, ma sarebbero di sicuro individuati. L'unica via di comunicazione con il resto del mondo è data dalla funivia del piccolo paesino di Assergi, dove Pannuti ed i suoi colleghi giungono nel pomeriggio del 27 agosto. Gli agenti vengono sistemati nel piccolo paese, con il compito di tenere di guardia la funivia. Il giorno dopo, 28 agosto, i poliziotti comprendono il motivo della loro presenza. "...Notai che vicino ad un capannone c'era una villetta, a circa 100 metri e c'erano dei Carabinieri in questa villetta e c'era un boschetto intorno", racconta sempre Pannuti. "...Ad un certo punto arrivò *un'ambulanza, scortata da Carabinieri. L'ambulanza si ferma, si apre e scende Mussolini! E va direttamente dentro questa villetta, accompagnato da due Carabinieri. E allora in quel momento cominciò la vera guardia, dura".* Inizia così una nuova prigionia per il Duce, sempre più consapevole che, a breve, si sta per abbattere l'onta del tradimento.

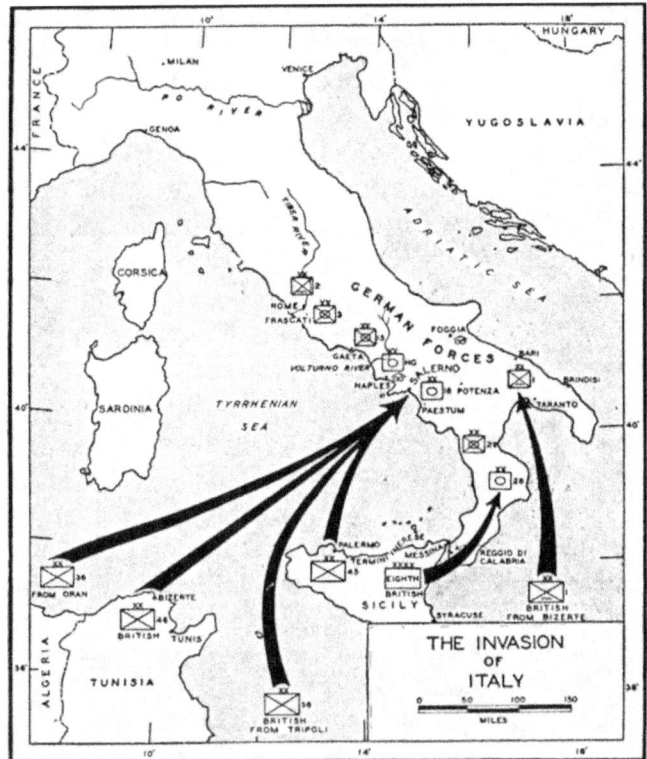

I piani di invasione alleati (*U.S. Army*).

Un ulteriore imprevisto: l'8 settembre 1943

Appreso del trasferimento del Duce, Skorzeny aveva dato disposizioni affinché l'operazione fosse annullata, ma al tempo stesso aveva ordinato di tenere gli uomini in preallarme, nel caso in cui Mussolini avesse fatto ritorno alla Maddalena. Di Benito Mussolini non c'era più traccia, ma le guardie erano ancora al loro posto e le difese dell'isola erano quelle di sempre, come se non fosse successo nulla. Skorzeny capiva che gli italiani stavano giocando d'astuzia e che il loro intento era chiaro: confondere i tedeschi e lasciarli nel dubbio. Non era dunque da escludere che la partenza del Duce, con l'idrovolante, fosse solo una messa in scena. Una delle tante, che in quei giorni gli italiani stavano mettendo in atto per rassicurare i tedeschi sulla tenuta dell'Alleanza. *"...Da vecchio soldato, mai verrò meno alla parola data!"*, dichiarò Badoglio il 26 agosto al Generale Enno Von Rintelen, che era stato convocato dal Capo del Governo in persona a seguito dell'atteggiamento di sfiducia dimostrato da Berlino nei giorni precedenti. Dichiarazione alquanto ipocrita, quella di Badoglio. Gli italiani, infatti, erano già passati al nemico e cercavano solo di guadagnar tempo prima del fatidico annuncio, temendo che un'improvvisa reazione tedesca avrebbe potuto intralciare i loro piani. Nel mentre, gli echi delle vicende romane giungono anche sul Gran Sasso e si ripercuotono sul destino del Duce e dei suoi carcerieri. Il giorno 2 settembre, a ventiquattro ore dalla firma del cosiddetto *"armistizio corto"*, giunge ad Assergi un ordine da Roma, come racconta Pannuti: *"...Noi andammo su il 2 settembre* (all'albergo di Campo Imperatore, ndA), *perché ci dissero che c'era il pericolo che arrivassero gli inglesi, i fascisti o i tedeschi. Bisognava andare su per essere sicuri. Portammo su a Campo Imperatore anche due mitragliatrici pesanti, che erano state tolte dalle motociclette della Polizia e messe sopra il tetto* (dell'albergo, ndA)". Mussolini viene così condotto a quota 2.130 metri e fatto alloggiare nella stanza numero 201. Ancor più isolato, il suo unico

51

contatto con il mondo esterno è una radio, che gli è consentito ascoltare. Nel frattempo anche Skorzeny, sebbene non si sia mai interessato particolarmente alle vicende di palazzo, è oramai certo che l'Italia sta preparando la sua uscita di scena, in conseguenza della quale il Duce potrebbe essere consegnato agli Alleati o, peggio ancora, ucciso. Dopo i fatti della Maddalena, le sue ricerche e quelle dell'SD a Roma avevano subito un'iniziale battuta di arresto. Varie erano state le nuove piste da seguire, ma tutte, ben presto, si erano rilevate prive di riscontri. Tuttavia, talune indiscrezioni e la notizia di un incidente di auto nei pressi dell'Aquila, che aveva visto coinvolti due alti ufficiali italiani[15], stavano spingendo i tedeschi a concentrare le loro ricerche tra i monti dell'Abruzzo. La conferma della presenza del Duce, nella regione montuosa dell'Abruzzo, non tardò ad arrivare. L'SD di Kappler, infatti, da tempo ascoltava quotidianamente le comunicazioni italiane e teneva sott'occhio l'attività ed i movimenti di talune personalità. Il 6 settembre, l'SD intercetta un messaggio di Gueli, che rivolgendosi al Capo della Polizia Carmine Senise al Ministero dell'Interno, lo informa che "...*le misure di sicurezza intorno al Gran Sasso sono state completate*". Immediatamente, Kappler passa la notizia a Skorzeny, che di comune accordo con Student decide di inviare sul posto un dottore della *Luftwaffe* per una ricognizione a terra. Il compito viene affidato al Tenente Medico Leo Krutoff, il quale ovviamente è all'oscuro del reale motivo della suo sopralluogo. Ufficialmente, infatti, Krutoff deve recarsi sul Gran Sasso per valutare se Campo Imperatore può essere il luogo adatto a far trascorrere la convalescenza ai soldati tedeschi affetti da malaria. Il giorno dopo, il Tenente Medico giunge ad Assergi, intenzionato a prendere la funivia e dirigersi verso Campo Imperatore. Viene però bloccato da dei Carabinieri, i quali spiegano a Krutoff che la zona di Campo Imperatore è stata dichiarata 'zona militare' e non è possibile recarvisi in visita. Missione fallita, avrà pensato Krutoff rientrando a Roma. In realtà, il diniego ricevuto dal Tenente Medico non poteva che rallegrare sia Student che Skorzeny. Campo Imperatore, da rinomata località turistica, si era improvvisamente trasformata in 'zona militare'. Un avvenimento alquanto singolare. Oltretutto, lo stesso giorno, anche un altro tedesco si trova in visita ad Assergi per un altro sopralluogo. Si tratta dell'*SS-Obersturmführer* Erich Priebke, appartenente all'SD, che Kappler aveva deciso di inviare in aggiunta Krutoff. Priebke riesce a circolare liberamente ad Assergi e nei dintorni e viene a sapere che pochi giorni prima tutto lo staff dell'Hotel è stato rimosso e mandato a casa. Un altro tassello della storia che conferma i sospetti dei tedeschi. Oramai non c'è dubbio. Tutti gli indizi portano al Gran Sasso. Il Duce non può essere che lì, a Campo Imperatore. C'è però un grosso problema. Le informazioni a disposizione sono veramente poche, insufficienti per pianificare un'azione. Non si sa quasi nulla della conformazione geografica del luogo, delle misure di difesa adottate dagli italiani e del numero di soldati addetti alla sicurezza. Le uniche, preziose informazioni in mano a Skorzeny e Student sono un depliant dell'albergo ed una testimonianza di un turista tedesco, che qualche anno prima aveva alloggiato a Campo Imperatore. Pertanto, Skorzeny chiede ed ottiene la possibilità di compiere una ricognizione aerea su Campo Imperatore, con un aereo messo a disposizione da Student. La mattina dell'8 settembre, l'austriaco, Radl ed un altro Ufficiale decollano da Pratica di Mare. Ai comandi del velivolo si trova un abile pilota, il Capitano Gerhard Langguth, che non viene però messo al corrente del motivo della ricognizione. Sa solo che dovrà recarsi sulla costa adriatica e seguire le istruzioni che man mano gli verranno comunicate dai suoi passeggeri. Nonostante qualche intoppo, Skorzeny e Radl riescono a scattare diverse foto del massiccio del Gran Sasso e dell'Hotel, ma durante il volo di rientro un incontro imprevisto li costringe ad un cambio di programma. Verso le 12:00, nei pressi di Frascati, una squadriglia di bombardieri Alleati ha appena dato il via ad un intenso bombardamento: obiettivo principale della missione è la distruzione del quartier generale di Kesserling a Villa Torlonia, sede di comando delle truppe tedesche in Italia. Il ricognitore tedesco, per sfuggire ai caccia Alleati di scorta, è quindi costretto a modificare la propria rotta e volare a bassa quota. L'*Heinkel He 111* riesce a sfuggire all'occhio del nemico ed atterra incolume poco dopo a Pratica di Mare. Immediatamente, Skorzeny e Radl si recano a Frascati, per constatare di persona gli effetti del bombardamento, dal momento che nella cittadina laziale hanno sede i loro uffici e quelli dello Stato Maggiore di Student. Più che una città, trovano un cumulo di maceri, saranno oltre 500 i morti tra i civili. Pare che gli Alleati abbiano centrato il loro obiettivo.

Colonna motorizzata tedesca in marcia verso il Gran Sasso, 1943.

Tranne gli uffici di Student, Villa Torlonia ha subito pesanti danneggiamenti, così come altre installazioni di comando italo-tedesche e con rammarico devono constatare che anche la loro residenza non è scampata alle bombe. A quanto pare, lo sviluppo delle foto della ricognizione dovrà attendere. Ma non solo a causa del bombardamento. Alle ore 18:30, infatti, dai microfoni di Radio Algeri, per voce del Generale Eisenhower, il Governo di Badoglio scopre le sue carte e per i tedeschi arriva la conferma delle perplessità maturate da tempo. "*...Qui è il Gen. Dwight D. Eisenhower, Comandante in Capo delle Forze Alleate. Il Governo italiano ha ceduto incondizionatamente le sue Forze Armate. Come Comandante Alleato in Capo, ho accordato un armistizio militare, i termini del quale sono stati approvati dai Governi del Regno Unito, degli Stati Uniti e dell'Unione delle Repubbliche Socialiste Sovietiche. Perciò sto agendo nell'interesse delle Nazioni Unite. Il Governo italiano si è impegnato ad attenersi a questi termini senza riserva. L'armistizio fu firmato dal mio rappresentante e dal rappresentante del Maresciallo Badoglio e diviene effettivo in questo istante. Le azioni di guerra tra le forze armate delle Nazioni Unite e quelle dell'Italia termineranno immediatamente. Tutti gli*

53

italiani che ora agiranno per aiutare a estromettere l'aggressore tedesco dal suolo italiano avranno l'assistenza e l'appoggio delle Nazioni Unite"[16]. L'uscita dell'Italia dalla guerra non spiazza certo i tedeschi. In molti, oramai, non avevano più alcun dubbio in merito: era solo questione di tempo e prima o poi l'8 settembre sarebbe arrivato. Ma la notizia è comunque una di quelle per le quali il momento non è mai propizio, soprattutto per Skorzeny e Student, che di fronte alla resa italiana si trovano costretti ad interrompere i propri piani ed attendere il corso degli eventi. In quelle ore, infatti, vige un clima di totale ed assoluta incertezza e bisogna muoversi con estrema cautela.

Paracadutisti tedeschi a Roma, settembre 1943.

Come reagiranno gli italiani all'armistizio? Avranno già consegnato il Duce agli Alleati? O forse lo hanno trasferito altrove? E quali saranno gli ordini provenienti da Berlino?

Nessuno, per il momento, può saperlo. Quel che è certo è che il *Führer*, appresa la notizia, va su tutte le furie. *"...Un Re e un Maresciallo d'Italia hanno mentito spudoratamente. [...] Un tradimento simile non ha precedenti nella storia dei popoli. L'Italia è passata al nemico in pieno campo di battaglia"*, affermerà Hitler qualche ora dopo l'annuncio dell'armistizio, in presenza di Keitel e Von Ribbentrop. Ma una volta sfogata la rabbia, la reazione tedesca, come prevedibile, non tarda ad arrivare. Viene dato l'ordine di occupare militarmente Roma e già la sera stessa viene mobilitata la *2.Fallschirmjäger-Division*, acquartierata nei pressi della città. Nella capitale, che nel giro di pochi giorni finirà sotto il controllo tedesco, la situazione è confusa, per certi versi grottesca. Nessuno sa quello che deve fare, poiché né il Governo (in fuga) né le alte sfere militari (anch'esse in fuga) hanno lasciato ordini precisi su come affrontare la situazione. Tutto è demandato alle scelte personali dei singoli. Anche per quel che riguarda il prigioniero Mussolini non ci sono ordini.

Fallschirmjäger impegnati nell'occupazione militare di Roma, settembre 1943.

Emblematica, a tal proposito, la telefonata intercettata dal SSR, Servizio Speciale Riservato[17], che intercorre tra il Capo della Polizia Senise (diretto superiore di Gueli, responsabile della custodia del Duce) ed il Comandante dell'Arma dei Carabinieri, il Generale Angelo Cerica, la sera dell'8 settembre. Dice Senise: *"...sono rientrato in questo momento. Avete visto che macello? Il guaio è che se la sono tutti squagliata, senza lasciare nemmeno uno straccio di disposizione. Qui non sappiamo niente di niente! Pare che il Maresciallo (Badoglio, nda) abbia lasciato qualche ordine, ma verbale! Non si sa proprio che pesci pigliare. In ogni modo, di rimanere negli impicci sono proprio i soliti fessi! Intanto io sono convinto che quei filibustieri* (i tedeschi, nda) *non perderanno tempo"*. Senise ha ragione: i tedeschi non perdono tempo. Stabilizzatasi momentaneamente la situazione a seguito della presa di Roma, Skorzeny e Student sono decisi a passare all'azione dopo la pausa forzosa.

Fallschirmjäger **durante i combattimenti a Roma.**

Prima dell'intervento, però, vogliono sincerarsi della presenza del Duce sul Gran Sasso. Visto il clima di generale sbandamento, intendono fare pressione su qualche alto funzionario italiano, nella speranza che si lascino scappare qualche informazione preziosa. Senise e Cerica, che sapevano di essere intercettati, si sono dileguati ed hanno fatto perdere le loro tracce. Al Ministero dell'Interno, però, rimane il Generale della Polizia Fernando Soleti. La mattina dell'11 settembre, Soleti viene prelevato da militari tedeschi e condotto al quartier generale di Student. Il Generale tedesco inizia a porre alcune domande all'italiano, il quale inizialmente assume un atteggiamento di stupore. Ma non si arrende. Sa che uno come Soleti, con il grado che ha, non può non sapere niente e non può neanche far finta di non sapere nulla, poiché nessuno gli crederebbe a priori. Student incalza e mostra a Soleti delle foto di Campo Imperatore. L'italiano non si lascia scappar detto niente, ma tergiversa, si arrampica sugli specchi. Il generale tedesco decide allora di lasciare in pace il suo parigrado ed ordina che sia riaccompagnato a Roma. Ha già ottenuto quel che vuole. Non crede affatto a Soleti: dalle sue risposte ambigue, svianti e di fronte alla reazione avuta alla vista delle foto, ottiene la conferma indiretta che il Duce si trova (ancora) all'Hotel Campo Imperatore sul Gran Sasso.

Fase 2: Pianificare la missione

Le foto mostrate al generale della Polizia sono quelle scattate da Skorzeny e Radl la mattina dell'8 settembre. Si tratta di istantanee di

56

piccolo formato, scattate con una comune macchina fotografica, alla quale i due avevano fatto ricorso dopo un guasto improvviso all'apparato fotografico dell'aereo.

Il generale Student impartisce le ultime istruzioni.

Le foto non consentono un'analisi dettagliata dell'area, tuttavia sono sufficienti a far escludere la possibilità di attaccare l'Hotel via terra. Dovendo contare sul fattore sorpresa, c'è un solo modo di raggiungere Campo Imperatore: volando! Le opzioni praticabili sono due: lanciare dei paracadutisti nei pressi del bersaglio o impiegare degli alianti da trasporto da far atterrare vicino all'albergo. Dalle foto, infatti, emerge che sul versante nord dell'Hotel si trova un'area sufficientemente grande da poter permettere l'atterraggio di alcuni alianti, sebbene dalle stesse non sia facile capire quale tipo di terreno i velivoli si troverebbero davanti. Dopo il colloquio con Soleti, alle ore 15:00, Student convoca presso il suo comando uno dei suoi migliori Ufficiali, il Maggiore dei paracadutisti Harald-Otto Mors, al quale intende affidare l'incarico di condurre l'operazione sul Gran Sasso. Mors ricorda così l'incontro di quel giorno con il suo superiore: "...*Student mi salutò cordialmente ed all'improvviso mi disse: 'domani mattina alle 07:00, sul Gran Sasso, lei libererà Benito Mussolini'. Poi aggiunse due cose che mi impressionarono moltissimo e che in seguito hanno influenzato il percorso dell'operazione. La prima cosa era vivo o morto, cosi dovevo portare Mussolini a Roma. La seconda era che il* Führer *teneva d'occhio il corpo dei paracadutisti, perché aveva piena fiducia nei loro confronti e concluse dicendo 'l'operazione non deve fallire per nessun motivo'*". Student propende per un colpo di mano dei paracadutisti ed espone a Mors i punti salienti dell'operazione che ha in mente. Intende far paracadutare due compagnie nella vallata di Assergi le quali, una volta preso il controllo della funivia, dovranno salire in quota ed attaccare l'albergo di Campo Imperatore.

Major **Harald-Otto Mors.**

Oblt. **Georg Von Berlepsch.**

Questo il piano, a grandi linee. Dei dettagli si dovrà occupare lo stesso Mors, al quale Student concede poche ore di tempo per la definizione dei particolari e la presentazione del piano definitivo. Rientrato al suo comando, Mors riflette sull'idea di Student ed inizia subito a lavorare alla pianificazione della missione. E' perplesso. Il tempo e le informazioni a disposizioni sono poche, ma soprattutto non gli piace la proposta di Student di far lanciare due compagnie sull'altopiano di Assergi. In particolare, sono tre i motivi che non convincono il Maggiore:

1) la vallata di Assergi è ben visibile da Campo Imperatore ed il rischio di essere avvistati è molto alto. Verrebbe meno il fattore sorpresa, che è fondamentale e deve essere garantito il più possibile, altrimenti si concederebbe agli italiani sia il tempo di reagire, sia il tempo per portare via il Duce per qualche sentiero o, peggio ancora, ucciderlo;

2) ammesso che si riesca a garantire il fattore sorpresa, i paracadutisti, una volta preso il controllo di Assergi, dovrebbero superare un dislivello di almeno 1.000 metri per raggiungere Campo Imperatore, pieni di armi ed attrezzature e nella peggiore delle ipotesi sotto il fuoco nemico, asserragliato in posizione vantaggiosa;

3) se si basa l'operazione esclusivamente sull'aviolancio, i paracadutisti non disporranno di mezzi per il loro rientro. Bisognerebbe mobilitare una colonna da Roma verso Assergi, con il rischio però che venga intercettata dalle truppe italiane (a dodici chilometri dall'Aquila è presente il grosso della Divisione *'Pinerolo'*, che potrebbe essere mobilitata in pochissimo tempo qualora a Campo Imperatore qualcuno fosse riuscito a dare l'allarme).

Mors, pertanto, rivede il piano iniziale di Student e decide di apportare qualche modifica. Le compagnie non saranno paracadutate, bensì trasportate nei pressi dell'albergo per mezzo degli alianti e con un'azione di sorpresa dovranno liberare il Duce. Altre forze, invece, saranno condotte ad Assergi via terra, a bordo di camion Fiat, con il compito di prendere il controllo del paese e della funivia, così da garantire l'unica via di fuga ai commilitoni che agiranno a Campo Imperatore[18]. In tutto, prenderanno parte all'azione 380 uomini, 12 alianti e una ventina di camion. Completato il piano, Mors torna da Student per l'approvazione definitiva del suo piano. *"....La mia proposta è stata accolta in pieno dal Generale Student e a parte un'eccezione è stata eseguita in questo modo"*, racconta Mors. L'eccezione riguarda il trasferimento del Duce da Campo Imperatore a Roma, che Mors intende compiere a bordo di un veicolo blindato. Student non è d'accordo, poiché il tragitto è di quasi duecento chilometri e c'è il rischio che il mezzo venga intercettato dagli italiani. Oltretutto, afferma Student, "...*il Führer vuole vedere al più presto Mussolini e mi ha ordinato di tenere segretissima la cosa. Vi darò il Capitano Gerlach, il mio pilota. Con una 'Cicogna' atterrerà vicino all'albergo e caricherà il Duce. Il viaggio deve avvenire per via aerea*"(19). In realtà, esiste anche una seconda eccezione, che Mors al momento ignora e che riguarda Skorzeny. "...*Mi trovavo di nuovo nell'accampamento del mio battaglione*", racconta Mors, "...*quando ho ricevuto una telefonate del Generale Student, che mi disse 'proprio adesso Skorzeny è stato da me e mi ha pregato di far parte dell'azione, visto che ha cercato quest'uomo per settimane ed adesso vuole sapere se effettivamente si trova lassù. Spero che lei capisca mio caro Mors. Fra l'altro, finora, non ha ottenuto nessuna onorificenza e questo gli fa rabbia*'". A colloquio con Student, Skorzeny aveva fatto notare al Generale come gli ordini ricevuti dal *Führer* fossero inequivocabili, "...*Incarico Lei di portare a termine questa missione*", e tali da escludere che il suo ruolo dovesse limitarsi alle fasi preliminari di ricerca, per poi terminare una volta individuato il luogo di detenzione del Duce. Non sono chiari i motivi per i quali Student decide di accogliere le richieste dell'austriaco, ma è plausibile ritenere che il generale si sia reso contro che il ruolo di un personaggio come Skorzeny, incaricato da Hitler in persona ed in costante e diretto contatto con Himmler, avrebbe assunto una valenza peculiare e che difficilmente lo si sarebbe potuto escludere da quella che era la fase più importante di tutta l'operazione.

Preparazione degli alianti *DFS 230*, settembre 1943.

Skorzeny, inoltre, chiede ed ottiene che nel gruppo di attacco siano inclusi anche 17 membri della sua unità, che per il dispiacere di Mors prenderanno il posto di altrettanti paracadutisti. Skorzeny, comunque, sarà un semplice osservatore, poiché non ha le competenze necessarie per condurre un'azione che prevede l'utilizzo degli alianti, mentre i suoi uomini si dovranno occupare della sicurezza del Duce, come 'guardie del corpo', durante le fasi di estrazione. Sarà infatti l'*Oberleutnant* Georg von Berlepsch ad avere il comando della piccola squadriglia, mentre Mors guiderà l'azione a terra dei parà che hanno il compito di occupare Assergi e la sua funivia. Tutto è oramai pronto e deciso. Entro 24 ore, con un po' di fortuna, il Duce sarà finalmente libero. L'azione è prevista per la mattina del 12 settembre, tempo permettendo ovviamente. E' importante che i due gruppi di attacco operino all'unisono e che l'azione sia coordinata ed attuata con la proverbiale precisione tedesca. Per questo motivo, durante la notte tra l'11 ed il 12 settembre, l'autocolonna ai comandi del Maggiore Mors, alle ore 03:00 di notte, lascia Frascati in direzione di Assergi. Due ore dopo, lasciano Frascati anche Skorzeny e von Berlepsch con i suoi uomini, diretti all'aeroporto di Pratica di Mare. Qui sarebbero dovuti giungere 12 alianti *DFS-230*, che Student aveva richiesto con urgenza il giorno prima.

Un aliante *DFS 230* decolla da un aereoporto italiano.

Ma quando gli uomini raggiungono l'aeroporto, apprendono che i velivoli hanno subito un ritardo nel trasferimento da Grosseto e che non giungeranno a Pratica di Mare prima delle ore 10:00. Ma l'arrivo degli alianti oltre l'ora prevista rischia di non essere l'unico ritardo di quella domenica mattina. Radl, infatti, si trova nel frattempo a Roma, presso il Mnistero dell'Interno. Ha un compito delicato: prelevare il Generale Soleti e condurlo a Pratica di Mare da Student. Questa volta, però, non per un semplice colloquio, bensì per qualcosa di più importante: Soleti avrebbe dovuto prendere parte alla missione sul Gran Sasso. Per i tedeschi, la presenza di un Ufficiale italiano spiazzerà i militari di guardia a Campo Imperatore e scongiurerà il pericolo che essi reagiscano prontamente con le armi alla vista del commando tedesco. L'idea astuta è opera di Radl (qualche giorno prima ne aveva parlato con Skorzeny il quale, a sua volta, l'aveva sottoposta al parere di Student che aveva approvato pienamente) e ora non gli rimane che metterla in pratica, sperando nella collaborazione del Generale italiano. Per sua fortuna, Radl riesce a convincere con le buone Soleti, che non oppone resistenza e viene così condotto a Pratica di Mare. *"...Convocato da Student, mi sentii dire, con espressione dura e decisa, che egli aveva ricevuto da Hitler l'ordine di liberare Mussolini, che a tale scopo aveva tutto predisposto per liberarlo ovunque egli si trovasse, che era sua intenzione evitare un conflitto a fuoco con gli uomini di guardia e che intendeva perciò valersi della mia persona in quanto ero conosciuto dai poliziotti e dai carabinieri che tenevano prigioniero il Duce e sicuramente la mia presenza avrebbe potuto evitare uno spargimento di sangue"*, racconta Soleti nel suo memoriale, che prosegue: *"...uscito il Generale Student, l'ufficiale interprete mi richiese la mia pistola, domandai allora se dovevo considerarmi prigioniero, non mi dette risposta e mi tolse la pistola dal cinturone. Io potei però conservare su di*

60

me un'altra pistola nella tasca anteriore dei pantaloni e che perciò era sfuggita all'attenzione del tedesco". Il generale italiano, a quanto pare, sembra rassegnato a dover prender parte alla missione così come imposto da Student. Ma solo all'apparenza. Verso le 11:00, giungono a Pratica di Mare i tanto attesi alianti, trainati da degli *Henschel Hs-126*. Dei dodici richiesti, però, solo dieci atterrano all'aeroporto laziale[20]. Viene subito dato inizio alle operazioni di rifornimento dei 'velivoli-rimorchio' e si compiono gli ultimi preparativi prima dell'imbarco. Nel frattempo Soleti viene condotto in prossimità di un aliante ed invitato a salire a bordo. "*...Benché impedito nei movimenti*", racconta Soleti, "*...ebbi tuttavia la possibilità di estrarre la pistola che conservavo nella tasca dei pantaloni. Il mio gesto fu però fermato a metà e fui disarmato*"[21]. Il generale italiano, in realtà, su quell'aereo non voleva salirci.

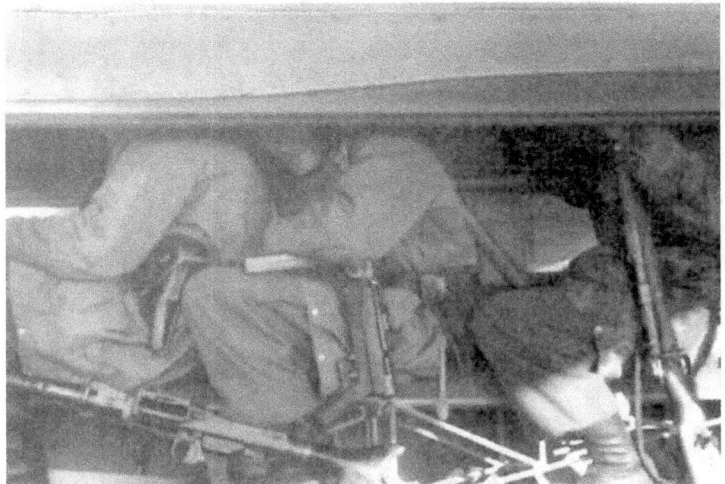

Paracadutisi 'stipati' a bordo di un aliante *DFS 230*.

Sta di fatto, che alla fine, l'essere stato costretto a salire su quell'aliante è stato un bene, poiché a Campo Imperatore la presenza di Soleti contribuirà ad evitare un inutile spargimento di sangue.

Fase 3 – Liberare il Duce!

Secondo i piani di Mors, come abbiamo visto, l'Operazione '*Quercia*' dovrà svolgersi in due momenti distinti: da una parte la presa di Assergi e della funivia, dall'altra l'assalto all'Hotel di Campo Imperatore. Tutto, però, dovrà avvenire in perfetta sincronia, alle ore prestabilite. Vediamo dunque, separatamente, lo svolgersi degli eventi, attraverso gli occhi ed i racconti dei principali protagonisti di questa storia: il Duce Benito Mussolini, il *Major* Mors ed ovviamente l'*SS-Hstuf*. Otto Skorzeny.

La situazione al Gran Sasso

Il Duce si trova a Campo Imperatore oramai da due settimane. Il suo umore e le condizioni di salute non sono certo delle migliori. La prigionia e l'ulcera, di cui soffre da tempo, lo provano sia nel fisico che nella mente. Le giornate, sul Gran Sasso, trascorrono monotone, pesanti. Mussolini è solo per la maggior parte del tempo e tranne qualche partita a carte con le guardie, il suo unico svago, ed al tempo stesso fonte di preoccupazioni, è la radio, che gli è consentito ascoltare liberamente. Grazie ad essa ha saputo dell'armistizio ed ha appreso la notizia secondo cui gli Alleati, come segno di fiducia da parte degli italiani, pretendono la sua consegna. "...*Sono ora più che mai convinto che casa Savoia ha voluto, preparato, organizzato, anche nei minimi dettagli, il Colpo di Stato, complice ed esecutore Badoglio, complici taluni generali imbelli ed imboscati e taluni invigliacchiti elementi del Fascismo. Non può esistere alcun dubbio che il RE ha autorizzato subito dopo la mia cattura le trattative per l'Armistizio. Trattative che forse erano già incominciate tra le due dinastie di Roma e di Londra*", dirà Mussolini dopo la sua liberazione dai microfoni di Radio Monaco. Rassegnato e sconsolato, nella notte tra l'11 ed il 12 settembre, il Duce scrive una lettera al Tenente Faiola, responsabile della sua custodia: "...*Caro Faiola. Sono certo di essere consegnato agli inglesi da un momento all'altro. [...] Voi siete un soldato e perciò vi rendete conto, ancora meglio di me, quel che significa cadere in mano al nemico. Non voglio sottomettermi a tale umiliazione e vi prego, quindi, di farmi avere una pistola. Grazie e addio!*".

Un *Henschel Hs-126* si appresta a trainare un aliante.

Faiola riceve il biglietto ma non può certo soddisfare la richiesta del Duce. Ma Mussolini è determinato a compiere l'estremo gesto e decide allora di togliersi la vita tagliandosi le vene dei polsi con una lametta da rasoio. Il Carabiniere di guardia si accorge che qualcosa di anomalo sta succedendo all'interno della stanza 201 e decide di entrare. Trova Mussolini sulla sponda del letto, sanguinante. Dà l'allarme ed immediatamente Faiola si precipita nella stanza. Il Duce, che non manca di mostrare la propria irritazione per il tentativo appena fallito, viene subito medicato e Faiola, per precauzione, sequestra i rasoi ed ogni altro oggetto metallico presente nella stanza. Chissà, cosa avrebbe pensato Mussolini, se avesse saputo in anticipo che con il suo gesto avrebbe finito per fare un favore a Badoglio, il quale già ad agosto aveva dato precise indicazioni ai responsabili della guarnigione di Campo Imperatore: se i tedeschi tentano di liberare il Duce, eliminatelo! Almeno fino al 12 settembre, però, giorno in cui la Storia, stranamente, assume un corso diverso. Quella domenica, prima dell'arrivo dei tedeschi ad Assergi, il Prefetto dell'Aquila, il Dott. Rodolfo Biancorosso, convoca l'Ispettore Gueli, per segnalargli movimenti di truppe tedesche in avvicinamento (si tratta della colonna di paracadutisti di Mors). Gueli non sembra preoccupato. Più tardi, il Prefetto lo raggiunge telefonicamente per leggergli un radiogramma appena giunto da Roma: "...*Raccomandate Ispettore Reale Gueli massima prudenza. (firmato) Carmine Senise*". E' un messaggio dal contenuto machiavellico, ma che probabilmente è risultato determinante nella formazione degli eventi delle ore successive così come noi li conosciamo. Gueli, infatti, pur di fronte all'ambiguità delle parole di Senise, attribuisce al radiogramma un significato preciso: le disposizioni di Badoglio, valide fino a quel momento, debbono intendersi revocate.

Vista da un aliante trainato da un *Hs-126* (*Skorzeny Files*).

L'ordine di uccidere Mussolini non è più valido. Gueli, dal canto suo, ha sempre sperato di non dover ricorrere all'estrema ratio imposta da Badoglio e probabilmente, a prescindere dal messaggio di Senise, aveva già deciso in tal senso.

***Major* Harald-Otto Mors.**

Lo confermerebbero alcuni fatti avvenuti nei giorni precedenti, quando l'ispettore aveva rifiutato di far giungere rinforzi dall'Aquila (compreso un cannoncino leggero) e di aumentare i posti di blocco sulla strada per Assergi. Inoltre, come testimonia Pannuti, le difese, anziché venire rinforzate, erano state indebolite. "...*Un collega mi disse 'non ci sono più le mitragliatrici sul tetto!'. Cioè, un giorno prima che arrivassero i tedeschi, le mitragliatrici sul tetto furono portate in cantina. Anche i cani non si vedono in giro*"(22). Prosegue Pannuti: "...*I nostri ordini erano solamente quelli di vigilare e basta. La maggior parte dormiva e cinque o sei facevano la guardia. Non abbiamo avuto nessun ordine. Nessuno aveva disposto una difesa per un eventuale attacco, sia che arrivassero gli inglesi, i fascisti o i tedeschi. Ma neppure giù* (alla funivia, ndA)". A quanto pare, Gueli, sapeva che prima o poi i tedeschi avrebbero tentato un colpo di mano per liberare il Duce ed in cuor suo preferiva consegnarlo a loro piuttosto che ucciderlo(23). Ora, grazie al radiogramma di Senise, ha la 'scusa' che cerca per legittimare il proprio operato, che, come vedremo a breve, sarà ispirato alla massima prudenza.

La funivia per Campo Imperatore.

Paracadutista tedesco, settembre 1943.

La presa di Assergi e della funivia

Mors ed i suoi uomini avevano lasciato Frascati alle 03:00 di notte. Sebbene avessero da percorrere solo un centinaio di chilometri, la partenza era stata anticipata di molto per scongiurare il pericolo di arrivare ad Assergi in ritardo, dato che non era scontato che il viaggio si svolgesse senza intoppi. Intorno a Tivoli, infatti, vi erano state delle scaramucce tra reparti italiani e tedeschi a seguito dell'armistizio e già a partire dall'8 settembre qualche piccolo nucleo di Partigiani aveva iniziato a far sentire la propria presenza. Per questi motivi, Mors decise di aggirare le zone calde e raggiungere Assergi passando a sud, attraverso la Valle del Liri, nella speranza di non dover fare qualche spiacevole incontro. La lunga colonna era composta da quindici carri Fiat, che trasportavano l'intera 3.*Kompanie* del *I./FJR 7* agli ordini dell'*Oberleutnant* Karl Schulze, dal veicolo di comando sul quale viaggiava Mors, da un plotone di cacciacarri e da due *StuG III* posti in coda. In testa al gruppo, ad una certa distanza, viaggiava un *sidecar* per la ricognizione. Il viaggio verso Assergi si svolse senza problemi, al di là dei frequenti controlli della Polizia per via dei numerosi posti di blocco lungo la strada[(24)]. Intorno alle 13:00, la colonna raggiunge la deviazione che dalla strada principale conduce ad Assergi. Mors ordina che sia allestito un posto di blocco all'incrocio, per intercettare l'eventuale arrivo di truppe italiane ed avvertire per tempo il resto del gruppo, che continua il suo viaggio verso Assergi. Solo otto chilometri separano i tedeschi dal loro obiettivo, ma nonostante ciò l'avanzata è lenta poiché è fondamentale preservare fino all'ultimo il fattore sorpresa ed agire in sincronia con il gruppo che scenderà dal cielo su Campo Imperatore. Alle 13:45, Mors è ad un passo da Assergi e sa che tra quindici minuti gli alianti atterreranno sul Gran Sasso. E' quindi giunto il momento di dare il via all'operazione. Prima di sferrare un attacco in forze, Mors invia delle squadre di ricognizione dentro Assergi, per effettuare un sopralluogo e recuperare informazioni preziose sull'organizzazione e la consistenza delle difese allestite dagli italiani. Quasi sicuramente, infatti, gli italiani avranno stabilito svariati posti di blocco intorno al paese per controllarne l'accesso. Le pattuglie partono.

Reparti tedeschi impegnati nella liberazione di Mussolini, settembre 1943.

In marcia verso Assergi, settembre 1943.

Nel frattempo, una Guardia Forestale, Pasqualino Vitocco, è intento a mungere delle mucche. Ha ancora indosso la divisa. Nel silenzio della campagna, Pasqualino è intento nel suo lavoro, quando ad un certo punto il rumore di un motore cattura la sua attenzione. E' una pattuglia tedesca, che si sta dirigendo verso Assergi. Pasqualino, allora, abbandona di fretta la stalla per correre ad avvisare i Carabinieri al vicino posto di blocco, ma purtroppo per lui non fa in tempo. La pattuglia intercetta la Guardia Forestale e gli intima l'*alt*. Pasqualino non sente o forse decide di non fermarsi, nessuno lo sa. I militari tedeschi non esitano un attimo ed aprono il fuoco, abbattendo l'italiano con una raffica. L'Operazione '*Quercia*' ha fatto registrare la sua prima vittima, che purtroppo non sarà la sola. Una volta giunti dentro Assergi, le pattuglie ingaggiano altri brevi combattimenti con i Carabinieri che presidiano i posti di blocco, riuscendo con relativa facilità ad avere la meglio. Ben presto, infatti, la maggior parte dei Carabinieri decide che è meglio non opporre alcuna resistenza, poiché si ha l'impressione che i tedeschi stiano attaccando con forze numericamente superiori e disseminate ovunque. Ma non tutti la pensano così. Ad uno dei posti di guardia nei pressi della funivia, da poco sotto controllo tedesco, il Carabiniere Giovanni Natale compie un gesto che gli costerà la vita. Uscendo dal retro dell'edificio, dove si trova con altri commilitoni, imbraccia il suo fucile e cerca (verosimilmente) di far fuoco. Prima di riuscire nel suo intento, viene notato dai tedeschi che, prontamente, sparano per primi e feriscono mortalmente l'italiano[25]. Dopo questo secondo tragico episodio, i tedeschi non dovranno più usare le armi. Il grosso della colonna, che nel frattempo si era addentrata dentro Assergi, raggiunge la base della funivia e riesce a prendere il controllo della stazione senza sparare un colpo. I militari italiani di guardia, infatti, si erano subito arresi alla vista dei tedeschi. La missione del Maggiore Mors può ritenersi dunque conclusa e coronata dal successo.

Reparti tedeschi impegnati nell'operazione ad Assergi, settembre 1943.

Major Harald-Otto Mors, settembre 1943.

La liberazione del Duce

Circa due ore prima dell'arrivo di Mors nei pressi di Assergi, a Pratica di Mare atterrano gli alianti richiesti da Student e si da il via agli ultimi preparativi della missione. Tra questi, vi è anche il cosiddetto 'briefing', che viene tenuto da Student in un edificio dell'aeroporto. Alla riunione prendono parte i piloti degli alianti, gli Ufficiali paracadutisti che comanderanno gli uomini a terra, Skorzeny, Radl, Langguth e Von Berlepsch. Per prima cosa, Student provvede ad informare i presenti dello scopo della missione, che fino a quel momento, per ovvi motivi di sicurezza, non era noto se non a pochi.

Aeroporto di Pratica di Mare: *Fallschirmjäger* a bordo di un aliante DFS 230.

66

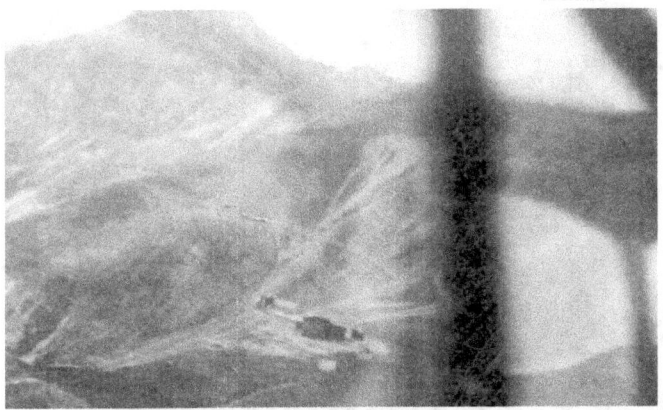

L'Hotel sul Gran Sasso, visto dall'aliante numero 6.

Svanita rapidamente la sorpresa, a seguito della notizia, i pensieri dei presenti si concentrano subito sui punti salienti della missione illustrati da Student. *"...L'intera operazione di liberazione è basata sull'elemento sorpresa"*, sottolinea Student. Per questo motivo, gli alianti dovranno atterrare in prossimità dell'albergo di Campo Imperatore, in uno spazio ristretto e su di un terreno dalla conformazione incerta. E' molto rischioso, ma non c'è altra soluzione. Per di più, l'atterraggio avverrà di pomeriggio, quando di solito le correnti sono più forti ed il rischio di finire in un dirupo aumenta. Ogni aliante dovrà toccar terra nelle zone stabilite e secondo un ordine preciso, con una cadenza di uno ogni minuto. Una volta a terra, un gruppo di paracadutisti si dirigerà verso la stazione della funivia di Campo Imperatore e ne prenderà il controllo, mentre un altro condurrà l'assalto all'Hotel e fornirà supporto ai commilitoni incaricati di prelevare il Duce. Nessuno può sapere se gli italiani reagiranno prontamente con le armi oppure no. Quel che è certo è che si dovrà far di tutto per evitare lo scontro a fuoco. A tal scopo, è prevista la partecipazione del Generale Soleti, la cui presenza servirà ad evitare inutili spargimenti di sangue.

Un aliante *DFS 230* poco prima del decollo.

Terminato il *briefing*, non resta che radunare gli uomini, organizzare le squadre e dare il via alle operazioni di imbarco. All'azione prenderanno parte la *1.Kompanie* del *I./ FJR 7* (*Oberleutnant* Georg F. Von Berlepsch / *Leutnant* Joswig / *Feldwebel* Eugen Abel / *Leutnant* Gradler), rinforzata da un plotone della *4.Kompanie* (*Leutnant* Gerhard Opel), più il gruppetto di uomini della *1.Kompanie* dell'*SS-Jäger-Bataillon 502* (*SS-Haupsturmführer* Otto Skorzeny / *SS-Obersturmführer* Ulrich Menzel). In totale, saranno coinvolti cento uomini, dal momento che ogni aliante può trasportare dieci persone, compreso il pilota. L'equipaggiamento è quello standard dei paracadutisti (*MP 40*, *Walther P38*, granate *StG 39*), eccezion fatta per la presenza di dodici nuovi *FG 42* a disposizione dei parà della *1.Kompanie*, che toccheranno terra per primi e daranno il via all'assalto[26].

Paracadutisti tedeschi si preparano ad entrare in azione, settembre 1943.

In aggiunta, Mors aveva messo a disposizione di Von Berlepsch due medici, quattro uomini del reparto comunicazioni, due mitragliatrici *MG-42*, due mortai leggeri *Gr.W.36* da 50mm. e un'arma anticarro, il *Panzerbüchse 41* da 28mm[27].

Atterraggio di un *DFS-230* con il paracadute di frenata.

Von Berlepsch, in linea con quanto prevede l'impiego tattico degli alianti, divide il gruppo di attacco in tre *Ketten*[28], ciascuno composto da tre alianti (tranne uno, che sarà formato da quattro velivoli), ed assegna le squadre ad ognuno di essi secondo questo ordine:

Otto Skorzeny

Fallschirmjäger, settembre 1943.

SS-Hstuf. Otto Skorzeny.

Kette 1 - DFS-230 A/B/C → assaltare l'hotel

(A) *Oberleutnant* Georg F. Von Berlepsch + parà della *1.Kompanie / I./FJR 7*

(B) *Leutnant* Joswig + parà della *1.Kompanie / I./FJR 7*

(C) *Leutnant* Gradler + parà *1.Kompanie / I./FJR 7*

Kette 2 – DFS-230 D/E/F → mantenere in sicurezza la zona di atterraggio / proteggere il Duce

(D) *SS-Hstuf.* Otto Skorzeny + Generale Soleti + uomini *1.Kompanie / SS-Jäger-Bataillon 502*

(E) *SS-Ostuf.* Ulrich Menzel + *SS-Ostuf.* Karl Radl + uomini *1.Kompanie / SS-Jäger-Bataillon 502*

(F) due corrispondenti di guerra + parà della *1.Kompanie / I./FJR 7*

Kette 3 – DFS-230 G/H/I/L → prendere il controllo della funivia / supportare e proteggere i commilitoni

(G) *Feldwebel* Abel + parà della *1.Kompanie/I./FJR 7*

(H) Parà *1.Kompanie / I./FJR 7*

(I) *Leutnant* Gerhard Opel + parà della *4.Kmp. / I. FJR 7*

(L) Parà *4.Kompanie / I./ FJR 7*, medici, corpo segnali, armi d'appoggio

Verso le 12:30 è finalmente possibile dare il via alle operazioni di imbarco. Gli uomini iniziano a prendere posto all'interno degli alianti e a caricare gli equipaggiamenti. In pochi, però, fanno in tempo a sedersi dentro quello strano e scomodo velivolo, fatto di tubi di acciaio e rivestito in tela. Come un fulmine a ciel sereno, infatti, scatta l'allarme aereo. Ed in brevissimo tempo, si manifestano minacciose delle formazioni di bombardieri nemici in lontananza. "*...Che sfortuna, proprio all'ultimo momento!*", pensa Skorzeny, mentre insieme agli altri uomini si allontana velocemente per cercar riparo. Tutti, probabilmente, avranno pensato la stessa cosa. Dopo una ventina di minuti, cessa l'allarme aereo e tutti escono fuori dai propri ripari. Miracolosamente, neanche un velivolo stato danneggiato dal bombardamento. Solo la pista ha subito dei danni, ma per fortuna non sono tali da compromettere il decollo degli aerei. Non resta che riprendere le operazioni di imbarco là dove erano state interrotte ed esser pronti alla partenza il prima possibile. Non si sa mai dovesse arrivare una seconda ondata di bombe! Nonostante l'imprevisto, alle ore 13:00, come previsto, gli *Henschel Hs-126*, con i loro rimorchi carichi di uomini ed armi, iniziano a decollare secondo l'ordine stabilito. Uno dopo l'altro, gli aerei si allontanano da Pratica di Mare, iniziano a prender quota e si raggruppano in cielo per assumere la formazione di volo. In testa al gruppo si trova l'aereo pilotato da Langguth, al cui cavo di traino è collegato l'aliante di Von Berlepsch.

Langguth ha già percorso la rotta di volo in direzione del Gran Sasso (in occasione della ricognizione aerea dell'8 settembre richiesta da Skorzeny) e conosce bene gli ostacoli che i piloti dovranno affrontare prima di giungere a destinazione. In particolare, desta in lui preoccupazione una catena di monti ad est di Tivoli, le cui vette arrivano fino a 1.300 metri. La zona montuosa, infatti, si trova a pochi minuti da Pratica di Mare ed in quel frangente di volo nessuno può avere la certezza che gli aerei abbiano già guadagnato la quota necessaria per superare l'ostacolo. Spetta a Langguth valutare e poi decidere.

Pronti al decollo, aerei ed alianti, settembre 1943.

Se la quota raggiunta sarà sufficiente, gli aerei proseguiranno a diritto, altrimenti, prima di scavalcare la catena montuosa, Langguth compirà delle manovre specifiche per guadagnare quota (dei *loop* sull'asse orizzontale). Gli altri piloti, vedendo Langguth, capiranno che non è possibile proseguire e dovranno a loro volta compiere la stessa manovra. Giunti nei pressi di Tivoli, l'aereo di Langguth ha raggiunto una quota appena sufficiente a superare la catena di monti. Prudentemente, però, il pilota tedesco decide di compiere dei *loop* in orizzontale per guadagnare metri su metri, poiché il margine a suo favore è minimo e c'è il rischio che qualche altro aereo del gruppo non abbia ancora guadagnato l'altitudine necessaria. Del resto non c'è neanche modo di saperlo.

Alianti atterrati intorno all'Hotel sul Gran Sasso: in primo piano c'è l'aliante I, sullo sfondo, a sinistra l'aliante D di Skorzeny e vicino all'albergo gli alianti G ed L.

Tra i velivoli, infatti, vige il silenzio radio. Meglio non rischiare e far lavorare un pò di più i piloti del gruppo. Langguth inclina l'aereo su un fianco, mantiene la virata ed inizia a salire, descrivendo in aria una sorta di spirale. Terminata la manovra, guarda dal finestrino per sincerarsi che anche gli altri stiano seguendo il suo esempio, ma con stupore si accorge che è rimasto solo. In cielo non c'è nessun altro velivolo. Dove è finito il resto del gruppo? Semplice: è avanti a Langguth! Gli altri piloti, infatti, avevano proseguito diritto, senza compiere alcuna manovra, ed avevano sorpassato l'aereo di testa. Cosa era successo? Una svista dei piloti o una incomprensione con Langguth? Non è chiaro come siano andate le cose, fatto sta che l'episodio risulterà centrale nel determinare il corso degli eventi delle ore successive e la storia dell'Operazione 'Quercia' negli anni a venire[29].

Un aliante atterrato in prossimità dell'Albergo, si tratta dell'aliante G.

Infatti, sparito Langguth dalla testa del gruppo, Skorzeny aveva colto la palla al balzo ed ordinato al pilota del suo aliante, il Tenente Elimar Meyer, di comunicare al velivolo di traino di passare al comando della squadra. A Skorzeny, il ruolo di gregario affidatogli da Student proprio non andava giù ed era intenzionato a ritagliare per sé e per i suoi uomini una buona fetta di gloria. Passando in testa al gruppo, Skorzeny poteva toccar terra per primo sul Gran Sasso, dare il via all'assalto dell'albergo e liberare di persona il Duce, per prenderlo poi sotto la sua custodia. Del resto, avrà pensato, le parole di Hitler erano chiare, "...*Incarico Lei di portare a termine questa missione*". Ed un buon soldato fa di tutto affinché l'ordine del proprio capo venga rispettato alla lettera. Messo a segno il 'colpo', l'austriaco si trova subito a dover affrontare un problema. Senza la guida offerta da Langguth, l'*Henschel* che traina il suo aliante rischia di andar fuori rotta. Bisogna che Skorzeny guidi in qualche modo il suo pilota. Ma a quasi 3.000 metri di altezza, scorgere dei riferimenti al suolo attraverso i finestrini di plastica del *DFS-230* è praticamente impossibile. É come guardare il mondo attraverso un fondo di bottiglia. Ma Skorzeny non si perde d'animo. Estrae un coltello ed incide in più punti la fusoliera dell'aliante, che è fatta di tela. A bordo inizia a far più freddo, ma vale certo la pena soffrire un po' in cambio di una chiara visione del terreno. La navigazione a vista, che da Skorzeny passa per Meyer e da questi al pilota dell'*Henschel*, prosegue senza intoppi e non appena viene avvistato l'Hotel di Campo Imperatore, l'austriaco ordina che sia sganciato il cavo di collegamento con l'aereo. Inizia così la silenziosa discesa sul Gran Sasso, fatta di ampie curve, che via via si vanno restringendo man a mano che l'aliante si approssima al suolo. Meno di cinque minuti di volo, interminabili, durante i quali ogni mossa compiuta dal pilota può far la differenza tra un atterraggio perfetto ed uno disastroso. A complicare le cose, oltretutto, c'è anche l'incognita del terreno, la cui conformazione è pressoché sconosciuta ai tedeschi. "...*Corpo di Bacco, ecco una sorpresa che non ci eravamo aspettati*", racconta Skorzeny. "...*Il mio sguardo scopre immediatamente il prato triangolare, ma questo non è, come credevamo, 'leggermente inclinato', sibbene forma un pendio scosceso, anzi fortemente scosceso, tanto da rassomigliare quasi alla pista di partenza di una gara di sci!*". Che fare? Trascorrono lunghi secondi di silenzio, durante i quali Skorzeny valuta rapidamente i rischi, le possibilità, gli ordini ricevuti, le condizioni del terreno, le emozioni degli uomini a bordo, la cui vita è ora nelle sue mani. "...*Coi denti stretti, mi sento assalito da un terribile conflitto di coscienza. Debbo obbedire esattamente agli ordini del generale? In tal caso, dovrei rinunciare all'operazione e cercar di raggiungere in volo piano il fondo della valle. Se, invece, non mi rassegno all'abbandono del progetto, dovrò per forza correre il rischio di un atterraggio in picchiata, che mi è stato formalmente vietato. Un attimo appena di esitazione e poi mi decido.*

Appena scesi dai velivoli, gli uomini muovono all'assalto...

'Atterraggio in picchiata, il più possibile vicino all'albergo'", esclama Skorzeny al Tenente Meyer, che esegue senza esitazione[(30)]. "...*Il pilota restringe la spirale, slittando sull'ala sinistra e si lancia in un tuffo impressionante. Per un secondo sento una stretta alla gola: l'aliante riuscirà a resistere ad una simile velocità? [...] Il sibilo del vento cresce di intensità, diventa un urlo continuo, mentre il suolo si va ravvicinando a vista d'occhio. Vedo che il Tenente Meyer manovra il freno a paracadute, risento una violenta scossa, mi pare che qualcosa si sia schiantato e si spezzi, chiudo istintivamente gli occhi, provo un nuovo scossone anche più violento, ma oramai è finita; dopo un ultimo sbalzo, l'apparecchio si ferma sul suolo*". "...*Ora, l'aliante è un velivolo silenzioso, ma lento e quando tocca terra 'fa un bel botto, perché non scivola* (e per quella missione, nda) *non c'erano le ruote. Sono state sganciate dopo il decollo. Per l'atterraggio avevamo i pattini ed i pattini erano avvolti con filo spinato, per frenare ed accorciare l'atterraggio"*, come racconta Bernd Bosshammer, uno dei paracadutisti atterrato poco dopo Skorzeny.

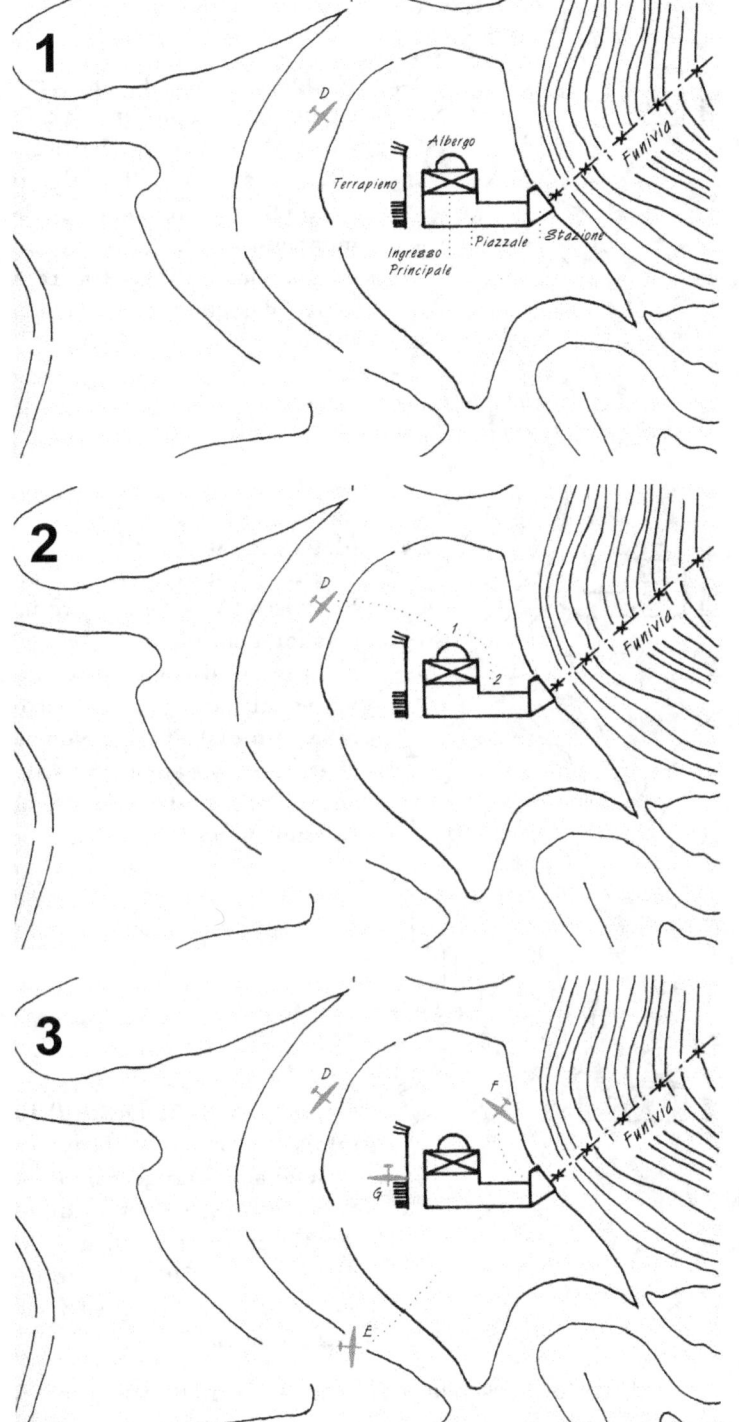

Mappa 1: l'aliante di Skorzeny (D) atterra a Campo Imperatore alle 14:03.

Mappa 2: Skorzeny si dirige subito verso l'albergo ed entra nella stanza del centralino (1). Esce ed insieme a Schwerdt cercano altri ingressi. Percorrono il lato destro dell'edificio e si ritrovano di fronte al dislivello (2).

Mappa 3: nel frattempo atterrano altri alianti: (E) con a bordo Radl, che si dirige subito verso l'ingresso; (F) gli uomini vanno all'assalto della stazione della funivia; (G) i parà disarmano qualche guardia, mentre altre si barricano dentro l'albergo.

73

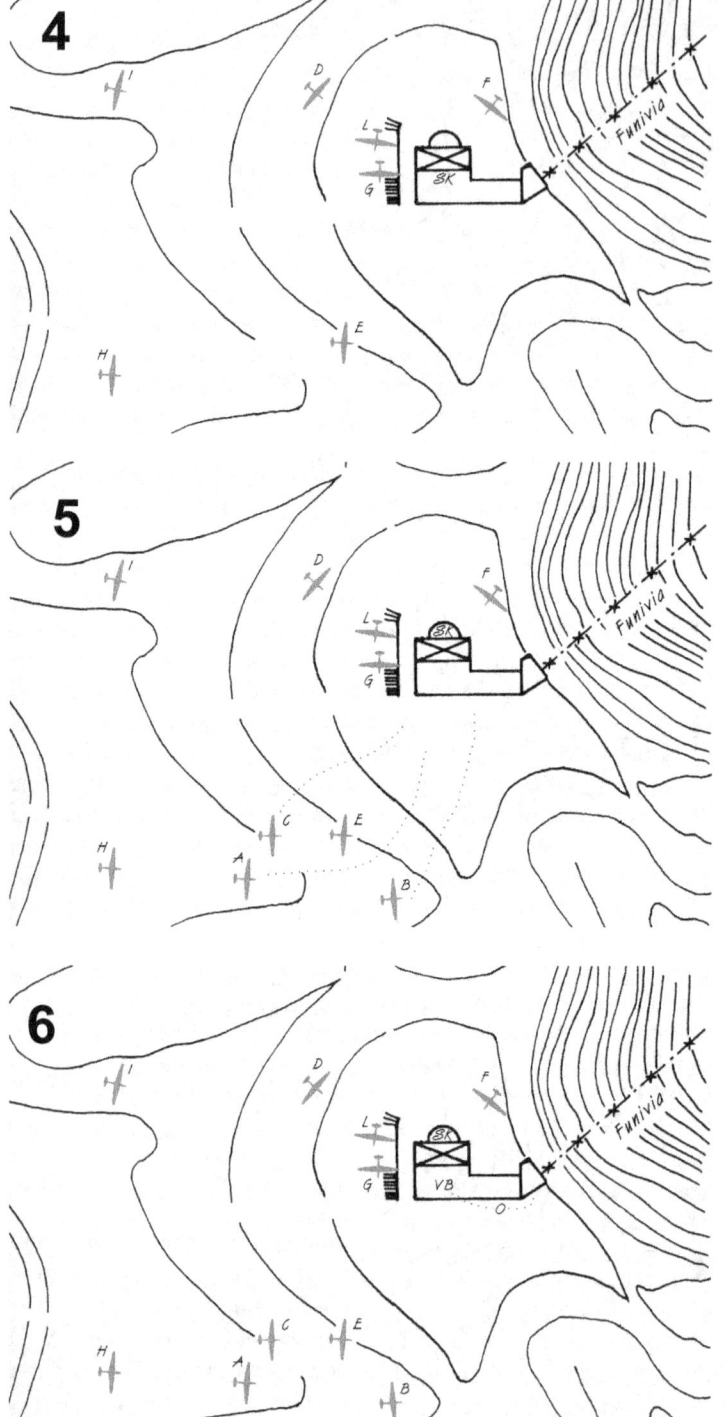

Mappa 4: mentre Skorzeny compie un primo tentativo di sfondare la barricata all'ingresso (SK), altri alianti atterrano: (H) impatta con la montagna e tutti gli occupanti rimangono feriti; (I) finisce a valle dell'albergo, a molta distanza.

Mappa 5: atterrano gli ultimi alianti, quelli del *Kette* di Von Berlepsch (A, B, C), che ordina ai suoi uomini di circondare l'edificio e al comando di un pugno di parà si dirige verso l'ingresso dell'albergo. Non sa che Skorzeny è appena riuscito ad entrare e sta salendo al secondo piano.

Mappa 6: Von Berlepsch (VB) intuisce che Skorzeny è riuscito a raggiungere il Duce. Dopo aver assunto il controllo dell'Hotel, ordina agli uomini di Opel (O) di fornire supporto ai parà nella stazione della funivia.

Gli Italiani, quindi, si sono accorti della presenza dei Tedeschi, ma stranamente rimangono attoniti, probabilmente sbalorditi, e forse anche un po' affascinati da quanto sta accadendo. Racconta Pannuti: "...*sentii un grande rumore di aerei. Quando sentii il rumore pensai, 'ma che stanno bombardando? Questo è un bombardamento inglese, qua bisogna scappare'. Aprii la finestra e invece non era un bombardamento. Vidi gli alianti che andavano di qui, di là, a balzelloni sui sassi. Due parà vicini, appena mi videro, mi puntarono subito il fucile, ma non spararono. E vedo il Generale Soleti con le mani alzate gridare 'non sparare, non sparare, non sparare!' Io rimasi imbambolato. Sotto la minaccia di questi due fucili e con questo generale disperato, perché sapevo che sarebbe bastata una fucilata e si sarebbe scatenata la fucileria*". La testimonianza di Pannuti è emblematica della (mancata) reazione italiana ed al tempo stesso fornisce una descrizione preziosa dei momenti immediatamente successivi all'atterraggio del primo velivolo, quello di Skorzeny. Sono le 14:03 ed il suo aliante è appena atterrato a soli quaranta metri dall'albergo, sul retro, vicino all'angolo sinistro dell'edificio. I primi ad uscire sono l'*SS-Ustuf*. Schwerdt e l'*SS-Ustuf*. Warger.

La liberazione del Duce raccontata dalla rivista *Signal*.

Nel mentre, anche il Tenente Meyer esce dall'abitacolo e monta una *MG-34* sopra la cabina di pilotaggio, per fornire copertura agli uomini che iniziano lentamente ad avanzare verso l'albergo, tra cui Skorzeny ed il Generale Soleti. L'austriaco dimostra di essere il più veloce. Sembra non aver risentito del brusco atterraggio, ma sembra anche aver dimenticato di ordinare ai suoi uomini di assumere il controllo dell'Hotel e mettere in sicurezza la zona d'atterraggio. Infatti, determinato come è a liberare il Duce, si precipita verso l'edificio con una foga tale che Soleti, impegnato ad urlare agli italiani di non sparare, non riesce a tenergli il passo. Prima di raggiungere un ingresso sul retro dell'albergo, Skorzeny si imbatte in una guardia. L'italiano, benché frastornato per quel che sta accadendo, intima qualcosa a Skorzeny, ma non riesce nel suo intento. L'austriaco infatti lo ignora e tira dritto. Raggiunge la porta, la apre cautamente ed entra. Si ritrova in una stanza priva di altri accessi, dove trova un italiano alle prese con il centralino telefonico[31]. Non gli resta altro da fare che uscire, perlustrare il retro dell'edificio e sperare di trovare un ingresso. Nel mentre, viene raggiunto anche da Schwerdt ed i due iniziano a cercare un modo per entrare dentro l'albergo. Ma non ci riescono. Niente da fare; pare proprio che sul retro non ci sia neanche una via per raggiungere rapidamente la *Hall*. Oltretutto, le finestre al piano terreno sono sbarrate e non è possibile sbirciare all'interno dell'edificio per orientarsi meglio. Skorzeny ed i suoi, percorrendo il lato est dell'Hotel, tentano allora di raggiungere il fronte dell'albergo. Passando da quel lato, però, dove il terreno scende a valle, si ritrovano ben presto al di sotto del piazzale antistante l'edificio e sono costretti ad affrontare un dislivello di quasi tre metri. Preso dall'impeto, Skorzeny non si accorge che alla sua sinistra, a circa trenta metri, è possibile superare la pendenza facilmente, senza essere costretti all'arrampicata. Poco male, perché nel frattempo Skorzeny e Schwerdt vengono raggiunti da alcuni commilitoni, tra cui l'*SS-Rottenführer* Himmel, al quale viene ordinato di piegarsi in avanti e mettere a disposizione la propria schiena per far arrampicare i due lungo il muro.

Fallschirmjäger **in azione sul Gran Sasso, recuperano le loro armi prima di attaccare.**

Ora solo pochi metri separano l'austriaco da quello che ha tutta l'aria di essere l'ingresso principale. Skorzeny inizia ad avvicinarsi cautamente, ma ad un certo punto la sua

76

attenzione viene catturata dalla presenza di qualcuno. Alza lo sguardo e stenta quasi a credere: al secondo piano, vede in carne ed ossa l'uomo che ha cercato per mesi. "...*Duce, allontanatevi dalla finestra!*", urla Skorzeny. Mussolini, che già alle 14:00 si era accorto dell'arrivo dei tedeschi e stava seguendo la loro azione dalla sua stanza, si allontana dalla finestra, apparentemente come richiesto da Skorzeny. In realtà non si scosta volontariamente, ma viene strattonato dal Tenente Faiola, giunto nel mentre nella stanza 201 insieme al suo vice, Osvaldo Antichi. Pochi minuti prima, Faiola era corso al terzo piano da Gueli ed aveva interrotto la sua pennichella quotidiana per avvertirlo dell'arrivo dei tedeschi e per sapere cosa fare con il prigioniero: "...*dobbiamo ucciderlo o evacuarlo?*".

Fallschirmjäger **sul Gran Sasso armato con un fucile d'assalto** *FG 42* **con alle spalle uno degli alianti usati per l'assalto.**

Ma Gueli, dormiente, sembrava non essere ancora in grado di dare ordini. Si era infatti affacciato alla finestra e, dopo essersi accorto che i tedeschi, aliante dopo aliante, stavano giungendo in massa, aveva iniziato a gridare alle guardie al piano terreno, barricate all'entrata, "...*non sparate, non sparate!*". A quel punto il Tenente aveva deciso di recarsi da Mussolini, insieme ad Antichi, e di irrompere nella stanza. "...*Ho l'ordine del Maresciallo Badoglio di non farla cadere in mano ai tedeschi. Chiudete la finestra e non muovetevi*", aveva esclamato Faiola. Ma Mussolini non si era mosso dalla finestra ed al Tenente non era rimasto da fare se non allontanare il Duce di peso. Cosa poi sia successo in quella stanza non è chiaro. Anche in questo caso, le versioni riportate da più voci non sono unanimi. Probabilmente i due iniziano a discutere e Mussolini, facendo leva sull'incertezza del

Tenente e prospettandogli uno spargimento di sangue per mano tedesca (qualora fosse stato eseguito l'estremo ordine di Badoglio), confonde ancora di più Faiola, che indugia e perde tempo[32]. Oltretutto il Duce, con il suo atteggiamento, sembra voler far capire al Tenente che il tempo delle decisioni è oramai trascorso e che i giochi sono chiusi. Infatti, poco prima di essere allontanato dalla finestra, scorge Skorzeny ed il Generale Soleti ed inizia ad urlare ai Carabinieri al piano terra: "...*Non vedete! C'è un generale italiano! Abbassate le armi. Non sparate!*". Un chiaro segnale anche per il Tenente Faiola. Fra l'altro Soleti, che nel mentre si era portato sul fronte dell'albergo, sta continuando ad urlare a squarciagola per invitare gli italiani a non sparare. Al suo fianco si trova Warger, che probabilmente incalza il generale con una pistola. Ma i due non sono i soli ad avvicinarsi verso l'Hotel. Nel frattempo, infatti, sono atterrati altri mezzi ed il gruppo di attacco si sta pian piano dispiegando secondo gli ordini. L'aliante 'E', con a bordo Radl, si trova a circa cento metri dall'albergo, ma non ha avuto un atterraggio facile. Molti dei suoi passeggeri escono rintontiti e l'*SS-Ostuf*. Menzel ha addirittura riportato la frattura della caviglia.

La stazione della funivia sul Gran Sasso, fotografata dopo il *raid*.

Miglior sorte è invece toccata all'aliante 'F', il cui atterraggio è stato perfetto ed indenne da problemi. Avendo toccato terra in prossimità della funivia, gli uomini a bordo si sono subito diretti verso la stazione ed in breve tempo ne hanno preso il controllo, senza incontrare alcuna resistenza da parte degli italiani. Gli alianti 'G' ed 'L' sono quelli ad essere atterrati più di tutti vicino all'albergo, seppur con qualche difficoltà. Nel toccare terra, infatti, hanno urtato contro un terrapieno che fiancheggia il lato sinistro dell'Hotel ed hanno sobbalzato un pò prima di arrestare la loro corsa. Tuttavia, nessuno dei paracadutisti ha riportato ferite e le squadre si sono prontamente disposte in posizione nei pressi dell'albergo, riuscendo a disarmare qualche guardia italiana. Le forti correnti presenti in quota, invece, hanno dato filo da torcere a due velivoli. L'aliante 'H', mentre era in fase di atterraggio a pochi metri da terra, è stato letteralmente portato via dal vento ed è finito contro il lato della montagna. L'impatto, violento, ha provocato la rottura dell'ala destra ed il ferimento di tutti i paracadutisti. Nessuno di loro ha potuto prendere parte all'azione e tutti e dieci, una volta che l'Hotel cadrà in mano ai tedeschi, saranno portati all'interno dell'edificio dove riceveranno le prime cure. All'aliante 'I', finito a grande distanza dall'albergo sempre a causa del vento, è andata un po' meglio. Ha riportato alcuni danni ed i suoi occupanti hanno subito qualche ferita, come ricorda uno degli uomini a bordo, il paracadutista Bernd Bosshammer: "...E' stato piuttosto duro. Ho battuto il ginocchio su una controventatura. Tutti siamo caduti in avanti e a me doveva capitare questa cosa del ginocchio". Nel complesso, però, gli uomini stanno bene e sono riusciti a raggiungere l'Hotel per poi dare una mano ai loro commilitoni. Gli ultimi alianti a toccar terra sono i tre del Kette di Von Berlepsch. Alle 14:10, uno dopo l'altro, compiono degli atterraggi pressoché perfetti in prossimità della zona prestabilita, quasi di fronte all'albergo. Immediatamente, i paracadutisti a bordo scendono dai velivoli e si dirigono di corsa verso l'edificio(33). Von Berlepsch ordina a due squadre di circondare l'Hotel e di controllare ogni uscita sul retro, per scongiurare il rischio che il prigioniero possa fuggire, mentre alla testa di uno sparuto gruppetto di uomini si dirige verso l'ingresso dell'Hotel, intenzionato a completare l'assalto e liberare Benito Mussolini. Von Berlepsch, però, non si è accorto della presenza di Skorzeny, che lo sta precedendo.

Fallschirmjäger in azione sul Gran Sasso, settembre 1943.

L'austriaco, infatti, è in procinto di entrare nell'Hotel. Dopo un primo tentativo andato a vuoto, era stato respinto dagli italiani che tenevano duro al di là della barricata, retta all'ingresso con dei mobili provenienti dalla sala da pranzo, ha deciso di attendere qualche rinforzo ed ha ordinato a due dei suoi uomini, l'SS-Uscha. Hans Holzer e l'SS-Rttf. Albert Benz, di arrampicarsi lungo la facciata dell'edificio e tentare di raggiungere la stanza del Duce . Si accorge però dell'arrivo di Von Berlepsch, che vede dirigersi verso l'albergo insieme ai suoi uomini. Insieme a Schwerdt, decide allora di riprovare ad entrare nell'edifico. E' un salto nel buio. Quale sarà l'accoglienza al di là della barricata? Nell'edificio si è asserragliato il grosso delle guardie (ottanta uomini circa) e nonostante Soleti stia perdendo la voce a forza di urlare, nessuno ha ancora la certezza che gli italiani non spareranno un colpo. Ma Skorzeny ha fortuna. Questa volta gli uomini di guardia non si oppongono ed insieme a Schwerdt riesce ad entrare nell'albergo. A questo punto della storia, lasciamo la parola a Skorzeny. La sua narrazione è ovviamente di parte, ricca di enfasi e a tratti retorica, ma è la sola fonte che ricostruisce quegli ultimi momenti concitati che hanno portato alla liberazione del Duce. "...*Seguito dai miei*[34], *corro verso l'ingresso principale, dove ci incontriamo con i Carabinieri che tentano di uscire*[35]. *Rovesciamo due mitragliatrici in postazione sul suolo e, a colpi di calcio di fucile, mi apro un passaggio nella massa compatta dei militi, mentre i miei uomini continuano a gridare: 'Mani in alto!'*[36]. *Finora non è ancora stato sparato un sol colpo di fucile da nessuna parte. Entro nel vestibolo tutto solo, senza curarmi di quel che succede dietro di me; trovo a destra una scala, salgo i gradini a tre alla volta e, giunto al primo piano, mi precipito nel corridoio; spalanco una porta a caso, ed imbocco proprio quella buona!*[37]. *Nella stanza vedo Benito Mussolini ed inoltre due ufficiali italiani*[38], *che spingo contro il muro. Frattanto, uno dei miei ufficiali, il coraggioso Tenente Schwerdt, mi ha raggiunto; egli si rende immediatamente conto della situazione, ed invita i due ufficiali ad uscire; questi sono evidentemente rimasti talmente sorpresi di quanto succede che non osano neppure accennare ad una resistenza. Una volta messi fuori i due ufficiali, Schwerdt chiude la porta. La prima parte dell'impresa è terminata con un successo: almeno per il momento, il Duce è nelle nostre mani. [...] Nel vano della finestra vedo comparire le teste dei due miei sottufficiali, che, non essendo riusciti a penetrare nel vestibolo, si sono arrampicati lungo il parafulmine, per venire a prestarmi man forte. Li metto di guardia nel corridoio, affinché possano proteggere la nostra ritirata e difenderci da un eventuale attacco*[39]. *[...] Infine posso rivolgere la parola a Mussolini, il quale è rimasto in piedi in un angolo della stanza, protetto dall'alta statura del Tenente Schwerdt.*

Skorzeny si presenta a Mussolini e dice: 'Duce! Il Führer mi ha mandato a liberarvi! Ora siete sotto la mia protezione' (dalla rivista Signal, settembre 1943, edizione italiana).

Mi presento con brevi parole: 'Duce, il Führer mi ha inviato qui per liberarvi'. Visibilmente commosso, il Duce mi abbraccia. 'Sapevo' dice, 'che il mio amico Adolf Hitler non mi avrebbe abbandonato'". Skorzeny è dunque riuscito nel suo intento: benché avesse ricevuto da

Student l'incarico di supportare l'estrazione del prigioniero, è arrivato per primo e ha liberato il Duce. Viene allora da chiedersi: dov'è Von Berlepsch? Perché non è salito anche lui nella stanza del Duce? L'ufficiale della *Luftwaffe* è rimasto fuori dell'albergo. Dopo aver dato gli ordini ai suoi paracadutisti, si è accorto dei due uomini dell'*SS-Jäger-Bataillon 502* aggrappati alla facciata dell'edificio al secondo piano. Vedendoli parlare con qualcuno all'interno, ha capito che il Duce è già in mano tedesca e decide di rimanere con i suoi uomini per impartire ordini e completare le operazioni di messa in sicurezza di Campo Imperatore. Ordina infatti al *Leutnant* Opel di raggiungere con i suoi uomini la funivia vicina all'albergo, per aiutare gli altri paracadutisti ad assumere il controllo della stazione, qualora ve ne fosse bisogno. Inoltre, dopo essersi sincerato che la zona è oramai tranquilla e totalmente in mano tedesca, ordina che i feriti dell'aliante 'H' siano trasportati dentro l'albergo e che siano prestate loro le prime cure. Infine, alle ore 14:17, ordina all'operatore radio al seguito, di mettersi in contatto con Mors, che si trova a valle ad Assergi e trasmettere al Maggiore il seguente comunicato: '*Missione compiuta!*".

Portata a termine l'operazione, i paracadutisti tedeschi posano per una foto ricordo.

Fase 4 – Portare il Duce dal Führer

All'interno della stanza 201, Mussolini è ancora in compagnia di Skorzeny e Schwerdt. Dopo aver raccolto i pochi effetti personali del Duce, i tre escono dalla stanza e scendono al pian

81

terreno. Li seguono il Tenente Faiola ed Antichi. Giungono nella *Hall* dell'Hotel, che nel frattempo si è popolata di paracadutisti tedeschi e di guardie italiane. C'è anche l'Ispettore Gueli, che per l'occasione sfoggia un elegante abito scuro. Regna un clima di soddisfazione, quasi di festa. Solo Mussolini appare privo di gioia, come ricorda Bosshammer, che lo osserva a distanza: "...*A me ha dato l'impressione di essere avvilito*".

Il Duce è stato appena liberato e viene portato fuori dall'albergo. Alla sua destra, il *Major* Mors.

Probabilmente è stanco, provato dalla lunga prigionia, sia nel fisico che nella mente. Felice, quello sì, ma anche un pò amareggiato. "*Avrei preferito essere liberato dagli italiani*", dice Mussolini rivolgendosi ad Antichi. Forse, in cuor suo, percepisce che la libertà appena guadagnata ha un prezzo, che prima o poi dovrà essere corrisposto al suo fedele amico ed alleato: Adolf Hitler. Ma, almeno per il momento, il destino che lo attende fuori dell'albergo è di ben altra portata. I due cineoperatori tedeschi sono pronti ad immortalare il Duce che esce dalla sua prigione e gli uomini che hanno reso possibile la sua liberazione sono curiosi di vederlo ed acclamarlo. Willi Schmidt, uno dei paracadutisti, ricorda così quei momenti: "...*Gli ufficiali lo hanno accompagnato fuori. Quando è uscito, tutti quanti gli siamo andati incontro e come richiedeva l'educazione, lo abbiamo anche salutato. Ci ha dato l'impressione di essere un uomo silenzioso che non stava molto in salute*". Quando il Duce esce dall'albergo sono le 15:00. Con lui c'è Skorzeny, che come primo gesto introduce Mussolini a Von Berlepsch e Mors, giunto nel frattempo in quota con la funivia. I due ufficiali sono evidentemente risentiti per il comportamento dell'austriaco, che ha stravolto il piano della missione ed ha ecceduto nel suo ruolo. Tuttavia, si rendono conto che non è il momento adatto per discutere ed intelligentemente decidono di rimandare la faccenda.

Il *Major* Mors, salito con la funivia, si congratula con l'*Oberleutnant* Berlepsch per la riuscita dell'operazione.

Del resto, anche volendo, non ci sarebbe molto tempo da dedicare alle critiche ed alle recriminazioni. La missione, infatti, non è ancora del tutto conclusa. Il Duce è libero, ma deve essere evacuato da Campo Imperatore. Student, come ricorda Mors, aveva ordinato che il Capitano Gerlach, con il suo 'Storch', avrebbe assunto l'incarico di trasferire Mussolini da Campo Imperatore ed aveva aggiunto: "*Gli do un secondo aereo per Skorzeny, perché Skorzeny deve accompagnare successivamente il Duce dal* Führer".

Mussolini appena uscito dall'albergo. Alla sua sinistra l'*SS-Ustuf*. Schwerdt, alla sua destra Skorzeny e Mors con il pugno alzato.

Gerlach, che per tutto il tempo aveva volato in circolo sopra il Gran Sasso in attesa del segnale convenuto, è atterrato da pochi minuti sull'altopiano di Campo Imperatore a trenta metri dall'albero, con un atterraggio da manuale (ma molto rischioso). Il pilota dell'altro *'Storch'*, invece, ha preferito atterrate a valle, vicino alla funivia, ma nel toccar terra ha danneggiato il carrello e non è più in grado di decollare. Sembra proprio che il volo di ritorno dell'austriaco sia stato cancellato all'ultimo minuto. Rinuncerà forse ad accompagnare Mussolini in Germania? Assolutamente no! Skorzeny non si da per vinto.

Altra foto, questa volta alla destra di Skorzeny c'è Berlepsch.

Prende in disparte il Capitano Gerlach e gli comunica senza mezzi termini che anche lui salirà con Mussolini sulla piccola *'Cicogna'*. Gerlach, dapprima, rifiuta. A quell'altitudine l'area è rarefatta e con un peso aggiuntivo di quasi cento chilogrammi dell'ufficiale austriaco, i rischi di finire in un dirupo sono troppi. Ma Skorzeny, come ricorda anche il *Major* Mors, è determinato e non cede: "*...Lui voleva assolutamente volare insieme a Mussolini.*

Dopo le foto, il Duce si avvia verso la 'Cicogna', scortato da Skorzeny.

Senza il mio permesso e quello di Gerlach questo non sarebbe mai successo. Ed io avrei potuto dirgli senza problemi, visto che era sotto il mio comando, 'Mio caro Skorzeny se lo può scordare'. Ma il generale Student mi aveva ordinato di non far volare da solo Mussolini. Ovviamente, il capitano

84

Otto Skorzeny

Gerlach non era d'accordo di portare con sé il grande, grosso e pesante Skorzeny". Del resto, la fermezza di Skorzeny, al di là della voglia di protagonismo che da più parti gli viene attribuita, è motivata da una ragione ben precisa, difficilmente opinabile. Se avesse lasciato andare Mussolini da solo e "*...se il decollo avesse dovuto terminare con una catastrofe, non mi sarebbe in ogni caso rimasta altra soluzione se non quella di cacciarmi una palla nella testa.*

Da sinistra, il Generale Soleti ed il *Major* Harald Mors.

Non avrei infatti potuto mai presentarmi a Hitler per dichiarargli che l'operazione era riuscita, ma che Mussolini aveva trovato la morte dopo essere stato liberato", sottolinea Skorzeny nelle sue memorie. Hitler, sicuramente, avrebbe preteso la testa dell'austriaco, se fosse accaduto qualcosa al Duce. Skorzeny, come del resto Gerlach, non ha scelta: su quell'aereo dovranno essere in tre. E infatti il Capitano, dopo essersi consultato con Mors, acconsente ad accogliere a bordo del suo aereo anche l'austriaco.

Skorzeny accompagna il Duce verso l'aereo.

"*...Cosi, alla fine, abbiamo deciso di affrontare questo volo. Un volo un pò complicato, soprattutto dal punto di vista del decollo. Il punto cruciale era che al limite della pista per il decollo, una pista già molto corta, c'era subito un vuoto di 600-800 metri. Questo permetteva all'aereo, anche con un breve tratto a disposizione per il decollo, di avere la possibilità di riattaccare, riprendersi e senza* *cadere acquistare di nuovo quota"*, racconta Mors. Il terreno dell'altopiano di Campo Imperatore è accidentato, pieno di ostacoli che il piccolo *'Storch'* dovrà superare e come ricorda Willi Schmidt, *"...alcuni di noi dovettero preparare una pista di decollo, non una vera e propria pista, ma dovevamo togliere i sassi più grandi per creare un corridoio per potergli permettere di decollare"*. Nonostante l'ottimo lavoro dei paracadutisti tedeschi, aiutati dagli italiani, la pista che è stata preparata non è sufficiente a garantire il buon esito del decollo.

Il *Fieseler Storch* pronto a decollare, settembre 1943.

Mussolini si accinge a salire sull'aereo (*Signal*).

E' necessario altresì che alcuni uomini trattengano l'aereo, mentre Gerlach porta al massimo il motore. Così facendo, avrà a disposizione tutta la spinta possibile e forse lo *'Storch'* raggiungerà la velocità sufficiente a staccare da terra. Sono le 15:15 circa. Il Capitano è ai comandi, davanti a Mussolini. Dietro il Duce c'è Skorzeny, che non senza qualche difficoltà riesce a trovar posto alla fine della carlinga, dove di solito vengono sistemati i bagagli. Tutto è pronto. Giusto il tempo per le ultime foto di rito e per i saluti. *"...Il motore del piccolo aereo era al parossismo. Tutto il velivolo vibrava come una foglia, mentre le sue strutture cigolavano paurosamente. I dodici uomini che lo trattenevano erano al limite dalla resistenza. Avevano i calcagni affondati spasmodicamente nel suolo e le braccia doloranti per lo sforzo. Finalmente Gerlach diede il segnale, abbassò il braccio e come liberata da una molla la*

86

'Cicogna' *ebbe un balzo in avanti: rullò pesantemente sul pezzetto di terra e prese velocità lungo il pendio, oscillando come una barca in tempesta. Urtò più volte contro le pietre che affioravano dal terreno ma, alla fine, riuscì ad alzarsi in volo"*, ricorda Mors.

Mussolini a bordo del *Fieseler Storch.*

Alcuni paracadutisti osservano il decollo della 'Cicogna' (BA)

L'aereo stacca da terra, alla fine dell'altopiano. Sembra esitare nel mantenere l'assetto. E infatti, poco dopo, scompare davanti agli occhi degli uomini che lo osservano sull'altopiano. "*Tutto invano*", pensa Radl, "*...sono precipitati!*". L'aiutante di Skorzeny non ha tutti i torti: dell'aereo non si percepisce più né il rumore, né la presenza. Ma ignora che Gerlach sta sfruttando a suo favore quel delicato momento. Il Capitano è un esperto pilota e sa quello che fa. Lascia infatti scendere l'aereo nel dirupo, per guadagnare velocità, ed una volta certo di poter assumere il pieno controllo del velivolo, tira la *cloche* ed alza il muso dello '*Storch*', che in poco tempo riacquista quota. Dopo una lunga virata ed un passaggio sopra l'albergo, il piccolo aereo scompare verso valle.

Ancora pochi istanti, prima del decollo della 'Cicogna'.

Heinrich Gerlach.

Il Duce ed il suo 'liberatore', Adolf Hitler.

Atterrerà dopo circa un'ora a Pratica di Mare, dove un *Heinkel He-111* è in attesa, pronto a decollare alla volta di Vienna. Dall'Austria, il giorno dopo, Mussolini e Skorzeny[41] ripartiranno nuovamente per la Germania, dove a Monaco li attende un Hitler raggiante.

Skorzeny con la *Ritterkreuz*.

Decollo della *Cicogna* (*Signal*).

Chi è l'eroe del Gran Sasso?

Dopo il decollo dello *'Storch'*, i militari presenti a Campo Imperatore iniziano a recuperare l'equipaggiamento dai velivoli senza motore e le relative console di guida. Poco prima di dar fuoco agli alianti, su richiesta del cineoperatore, alcuni paracadutisti ripetono di fronte alla telecamere l'uscita dai loro mezzi e l'avvicinamento all'albergo. Vengono anche scattate le ultime foto, che la propaganda del *Reich* non mancherà di sfruttare al meglio. A metà pomeriggio, Mors ordina ai suoi ufficiali di dare il via all'evacuazione degli uomini, che a piccoli gruppi dovranno scendere a valle utilizzando la funivia. Sono quasi le 19:00, quando viene completato il trasferimento ad Assergi. Dato che si sta facendo buio, Mors ritiene sia meglio non mettersi in viaggio e decide di trascorrere la notte nel paese. La mattina seguente, di buon ora, la colonna lascia Assergi e fa rientro a Frascati. L'Operazione *'Quercia'* può dirsi conclusa e la propaganda tedesca si mette subito in moto per celebrare l'evento. E qui si apre il capitolo delle polemiche, che per sessanta anni hanno accompagnato la ricostruzione dei fatti avvenuti sul Gran Sasso. Fin dalla sua conclusione, grazie alla propaganda tedesca, l'operazione ha assunto l'alone del mito e della leggenda. E del resto non sarebbe potuto accadere altrimenti. Per Goebbels, una vicenda del genere aveva in sé tutti gli elementi necessari per poter costruire intorno ad essa una storia memorabile, in grado di perdurare nel tempo. C'era un eroe (Skorzeny), una personalità importante da salvare (il Duce), un piano audace e pieno di rischi (l'assalto al Gran Sasso), che oltretutto, grazie alla proverbiale efficienza tedesca, è stato messo in atto alla perfezione e senza sparare un colpo! Certo, il ruolo dei paracadutisti non venne del tutto ignorato, ma chiaramente finì ben presto per essere offuscato dalla preponderante figura di Skorzeny. Oltretutto

89

Student, almeno fino alla fine della guerra, sembrò aver accettato passivamente il ruolo secondario attribuito ai suoi *Fallschirmjäger* dalla propaganda del *Reich*.

Hitler e Skorzeny alla *Wolfsschanze*, per la consegna della Croce di Cavaliere

Hitler e Skorzeny alla *Wolfsschanze*, 1943.

Infatti, dopo la missione sul Gran Sasso, Mors tentò più volte di far pressione su Student affinché fosse ristabilita la realtà dei fatti, ma non ottenne mai niente, se non un improvviso trasferimento sul fronte russo. Una volta terminata la guerra, la versione ufficiale diffusa dai tedeschi continuò a tener banco per molti anni e finì per inasprire ulteriormente lo scontro tra i due contendenti: Skorzeny da una parte, i *Fallschirmjäger* dall'altra, nelle persone di Student e Mors. Ognuno di essi ha sempre cercato di enfatizzare il proprio ruolo a discapito dell'altro, con il risultato che anche molti storici, talvolta acriticamente, hanno finito per sposare quasi in toto l'una o l'altra versione. Alcuni, per molti anni, hanno tramandato la storia dell'Operazione "*Quercia*" basandosi esclusivamente sui racconti di Skorzeny, mentre altri si sono sforzati di mettere in luce le verità dei *Fallschirmjäger* attraverso un'opera di denigrazione dell'austriaco, spesso dipinto come una persona arrogante, arrivista, dotata di scarse qualità e fervidamente nazionalsocialista. Questa contrapposizione, oltretutto, ha contribuito a rendere ancor più confuso un evento di per sé complesso, che, come abbiamo avuto modo di sottolineare più volte, racchiude al suo interno vicende dai contorni sfuocati, riportate spesso in modo contraddittorio dai vari protagonisti. Solo di recente, grazie ad alcuni autori, si sta aprendo uno spiraglio di obiettività, che ci auguriamo possa condurre ad una ricostruzione dei fatti scevra da partigianerie e lontana da posizioni faziose. Al di là di ogni considerazione, a Skorzeny bisogna riconoscere il fatto di aver dato anima e corpo nei due mesi spesi a cercare il Duce, durante i quali ha dimostrato tenacia e caparbietà. Tuttavia, non essendo un esperto nel campo, non si può non riconoscere che i suoi metodi d'indagine siano stati un pò superficiali e improvvisati, non paragonabili certo a quelli del SD, ma è pur vero che sia l'espediente messo in atto alla Maddalena con Warger, sia l'idea di Radl di portare sul Gran Sasso il Generale Soleti, sono state due scelte che hanno influito sul corso degli eventi e non possono essere del tutto ignorate. Stesso discorso vale per il ruolo avuto a Campo Imperatore.

Kaltenbrunner, Hitler e Skorzeny prima di un colloquio presso la 'Tana del Lupo', 1943.

Anche in questo caso, pur lasciando da parte l'enfasi e la retorica con le quali Skorzeny colora le sue gesta, è incontrovertibile il fatto che, vuoi per malizia, vuoi per puro caso, l'austriaco sia riuscito ad atterrare per primo e sempre per primo si sia presentato dinanzi al Duce. E' vero, non si può dire che abbia condotto un assalto destinato ad essere ricordato nei manuali di tattica militare, ma alla fine dei giochi è comunque riuscito a conseguire l'obiettivo della missione: liberare il Duce e condurlo dinanzi al *Führer*. Ai paracadutisti, invece, va il merito di aver organizzato, pianificato, e condotto un'operazione militare complessa, coronata dal più totale successo e senza lasciare caduti sul campo (tedeschi, s'intende). Il Generale Student ha dimostrato abilità nel coordinare l'attività di intelligence, svolta insieme al SD, nel provvedere al recupero delle risorse necessarie alla missione e nell'esser riuscito a non far trapelare alcunché dell'azione, anche tra gli ambienti tedeschi. Al Maggiore Mors, va riconosciuto il merito di aver concepito ed ideato l'azione sul Gran Sasso, così come l'abbiamo conosciuta, e di aver portato a termine egregiamente la presa di Assergi e della funivia. Infine, ci pare doveroso sottolineare l'intelligenza e la disciplina di Von Berlepsch, il quale ha anteposto il dovere alla gloria personale. Infatti, se la missione si fosse svolta secondo i piani, sarebbe toccato a Von Berlepsch entrare per primo nella stanza 201 e questo, verosimilmente, gli avrebbe valso il titolo di 'liberatore del Duce'. Sebbene sia atterrato per ultimo, aveva ancora la possibilità di entrare nell'Hotel e ritagliarsi una fetta di gloria, giungendo anch'egli nella stanza di Mussolini. Ma, al contrario, ha preferito rimanere insieme ai suoi uomini, al piano terreno e svolgere il proprio dovere di comandante.

Alcuni membri dell'unità speciale 'Skorzeny' durante una cerimonia al Palazzo dello Sport di Berlino, nel 1943. Da sinistra: Cieslewitz, Manns, Warger, Holzer, Schwerdt e Menzel (*Skorzeny Files*).

Note

(1) A tale scopo, fu inoltre deciso di far affluire quanto prima nuove truppe in Italia.

(2) Questi reparti, nel febbraio del 1944, andranno a costituire il *Kampfgeschwader 200* (*KG 200*), una unità speciale per la conduzione di operazioni aeree da effettuare dietro le linee nemiche con aerei nemici catturati (principalmente rilascio di agenti segreti e sabotatori).

(3) Più precisamente, un Tenente Colonnello ed un Maggiore dell'Esercito, due Tenenti Colonnelli dell'Aviazione ed un Maggiore delle SS.

(4) Quali siano i reali motivi che spinsero Hitler a scegliere Skorzeny non è chiaro e l'unica fonte a riguardo è la testimonianza dello stesso Skorzeny, il quale ha sempre sostenuto di essere stato scelto per la sua conoscenza dell'Italia e per l'essere austriaco. Negli anni, tuttavia, molti storici hanno messo in dubbio la versione di Skorzeny ed hanno sostenuto che la scelta di Hitler sia stata indotta da Himmler, il quale, prima che avesse inizio il colloquio con i sei Ufficiali convocati alla *Wolfsschanze*, persuase il *Führer* ad affidare il delicato compito ad un membro delle SS, che fra l'altro beneficiava della raccomandazione di Ernst Kaltenbrunner, uno degli uomini di cui Hitler si fidava maggiormente. Probabilmente la verità, come spesso accade, sta nel mezzo: non è inverosimile ipotizzare infatti che Himmler abbia fatto pressione su Hitler e che quest'ultimo, di fronte alla

fatidica frase pronunciata da Skorzeny *"Io sono austriaco!"*, sicuro che anche questa volta il suo intuito non avrebbe fallito, si sia convinto che costui fosse l'uomo giusto.

(5) Dopo il colloquio con Hitler, Skorzeny riuscì ad avvisare Radl a Berlino e ad ordinargli di compilare una lista di 50 nomi, avendo cura di scegliere gli uomini migliori e in grado di parlare italiano. Durante la notte del 27 luglio, anche Skorzeny provvide a compilare una lista di candidati, che il giorno successivo confrontò telefonicamente con quella redatta da Radl. Da questo confronto emersero i 29 uomini che il giorno 28 giunsero a Roma insieme a Radl.

(6) Il giornalista Giampaolo Pansa riporta nel suo libro "Prigionieri del silenzio" (Sperling & Kupfer Editori, 2004) il reale motivo in base al quale viene deciso il trasferimento a Ponza. Scrive Pansa: "*...All'alba del 28 luglio, (la corvetta) si fermò al largo di Ventotene. Poco dopo, un ufficiale dei carabinieri si presentò al direttore della colonia e gli disse che l'ex capo del governo sarebbe stato sbarcato lì e custodito nell'isola. Il commissario Guida si rifiutò di accoglierlo. Spiegò:* '...Ho qui con me ottocento confinati politici, in maggioranza comunisti. Mussolini non uscirà più vivo da Ventotene, perché gli altri lo faranno a pezzi!'. *L'ufficiale ritornò alla corvetta e di lì a poco sbarcarono a Ventotene i due grossi calibri che stavano sulla 'Persefone': l'ammiraglio Maugeri e il generale Polito, gli uomini ai quali Badoglio aveva affidato Mussolini, con l'ordine di imbarcarlo sotto scorta a Gaeta e di portarlo a Ventotene. Ma il dott. Guida riuscì a convincerli che l'ex Duce sarebbe stato più al sicuro da un'altra parte. In questo modo, l'ingombrante prigioniero venne poi dirottato a Ponza.*»

(7) Il bigliettino in questione è stato trovato recentemente a Verona, nel 2003. Il suo contenuto pare avvallare l'ipotesi che in effetti qualcuno del luogo si stesse organizzando per liberare Mussolini. Tuttavia i riscontri oggettivi si fermano a questo ritrovamento e lo stesso Chirico non rivelerà mai nomi e circostanze in proposito.

(8) In effetti il Duce, come abbiamo detto, è stato trasferito dall'isola di Ponza, ma l'Ufficiale ignora che il prigioniero è stato fatto a sbarcare alla Maddalena e non a La Spezia.

Altra foto della liberazione del Duce dal Gran Sasso, con alla sua destra, il Major Mors.

(9) Non è chiaro, ma pare che la decisione di passare subito all'azione non sia stata presa avventatamente, così come ritenuto da Student e Skorzeny. Pare infatti che l'*Abwehr* avesse già ricevuto notizie circa la presenza del Duce a La Spezia – si trattava in realtà di un depistaggio dei servizi italiani; pertanto, le informazioni trasmesse da Student, seppur sommarie, avrebbero costituito una sorta di conferma ed indotto l'Alto Comando ad inviare l'ordine di procedere alla liberazione del Duce.

(10) Se Warger abbia effettivamente visto il Duce a Villa Weber non è chiaro. In merito a questo punto circolano almeno tre versioni. Secondo la prima ricostruzione, Warger ha visto Mussolini passeggiare sul terrazzo della villa proprio nel momento in cui l'ortolano gli stava indicando il luogo di detenzione del Duce. Una seconda versione, invece, sostiene addirittura che Warger sia riuscito a consegnare una cassetta di verdure a Villa Weber e che in quella occasione abbia visto il Duce. Infine la versione di Skorzeny, che nelle sue memorie non specifica affatto se Warger sia mai riuscito a vedere il Duce in carne e ossa. Indipendentemente da quale sia la ricostruzione corretta, resta il fatto che, anche senza aver visto il Duce in persona, gli indizi raccolti da Warger nei giorni successivi alla rivelazione dell'ortolano erano sufficienti a far ritenere che il Duce si trovasse effettivamente a Villa Weber.

Friedenthal, 1943, da sinistra: Skorzeny, Warger, Cieslewitz, Menzel, Schwerdt, Gföller e Radl (*Skorzeny Files*).

(11) Il *Führer*, nonostante l'entusiasmo, non mancò di ammonire l'austriaco che in caso di insuccesso lo avrebbe sconfessato dinanzi all'opinione pubblica mondiale, dal momento che l'Italia era ancora alleata della Germania, almeno sulla carta. Pertanto, Skorzeny si sarebbe dovuto accollare tutta la responsabilità del fallimento se le cose fossero andate per il verso sbagliato.

(12) L'espediente dell'allarme aereo era riuscito a tenere gli occhi dei tedeschi lontani dalle acque del lago, ma non quelle di alcuni soldati italiani della Divisione Carristi *"Ariete"*, i quali, resosi conto della presenza del Duce, erano corsi ad avvertire il loro capitano. Costui, raggruppati un pò di uomini, si diresse verso il Lago di Bracciano con l'intento di liberare il Duce. Ma non fece in tempo. Le operazioni di sbarco erano già terminate ed il Duce già trasferito.

(13) Costruito anch'esso nel 1934, l'Hotel era la prima di tre costruzioni, mai realizzate, che si sarebbero dovute realizzare a fianco: una a forma di "V", l'altra a forma "X", in maniera tale da formare la parola DVX.

(14) In particolare, gli italiani temevano sia un intervento tedesco sia uno inglese. I primi, che avevano truppe sia in Corsica che in Sardegna ed erano oramai certi del tradimento italiano, avrebbero potuto attaccare l'isola in forze; i secondi, come riporta l'Ispettore Gueli in un suo memoriale *"...se avessero avuto notizia della sua presenza* (di Mussolini, ndA) *alla Maddalena, avrebbero potuto facilmente impadronirsene o seppellirlo sotto le macerie della villa con quattro cannonate delle loro navi"*.

(15) La notizia si riferiva ad un incidente occorso al veicolo sul quale viaggiava Mussolini durante il trasferimento dal Lago di Bracciano ad Assergi, che aveva obbligato ad una sosta imprevista ed aveva dato modo ad alcuni presenti di riconoscere il Duce tra gli occupanti del mezzo.

(16) Poco più di un'ora dopo l'annuncio di Eisenhower, seguirà il famoso proclama di Badoglio dai microfoni dell'E.I.A.R.

(17) Trattasi di un Dipartimento del Ministero dell'Interno preposto all'intercettazione delle comunicazioni telefoniche, finalizzato al controllo della vita politica e sociale del Paese. Il SSR non mancò di intercettare e stenografare anche le telefonate di ecclesiastici, generali, politici del regime e anche quelle di Mussolini.

(18) L'Operazione "Quercia" prevedeva altresì la liberazione della moglie e dei figli di Benito Mussolini, che da luglio erano stati costretti a risiedere alla Rocca delle Caminate. Della missione fu incaricato Skorzeny, il quale, volendo partecipare alla liberazione del Duce, affidò il compito ad uno dei suoi uomini, l'SS-Ustuf. Hans Mändel. Alla testa di 18 uomini dell'unità speciale di Friedenthal, stante la necessità di sincronizzare l'azione con quella sul Gran Sasso, Mändel avrebbe dovuto irrompere nella Rocca alle 14:00 in punto del 12 settembre, così da non concedere alcun vantaggio agli italiani che avrebbero potuto allertare per tempo gli uomini a Campo Imperatore (alla stessa ora, infatti, gli alianti sarebbero dovuti atterrare nei pressi dell'albergo). All'ora stabilita, come previsto, il commando di uomini si recò presso la residenza del Duce e colse di sorpresa gli agenti di guardia, che non opposero alcuna resistenza e si arresero ai tedeschi. Dopodiché, Mändel fece salire la moglie ed i figli di Mussolini su una macchina e da lì si diresse con loro verso Rimini, dove presso l'aeroporto della città un aeroplano della *Luftwaffe* attendeva il loro arrivo per portarli a Vienna.

(19) A titolo precauzionale, Student decide inoltre di tenere pronte altre due compagnie di paracadutisti per un aviolancio sull'aeroporto dell'Aquila che, una volta posto sotto controllo tedesco, avrebbe costituito una seconda via di fuga qualora le cose non fossero andare per il verso giusto.

(20) A causa di un errore, le unità addette al trasporto dei *DFS-230* non erano state informate della necessità di trasferire i velivoli tutti insieme ed avevano deciso di inviare i restanti due alianti nel pomeriggio. Ma per Student e Skorzeny non era possibile attendere oltre e la missione prese il via con i dieci mezzi disponibili.

(21) Il racconto del prelievo di Soleti dal Ministero dell'Interno si basa sulle informazioni contenute nel memoriale redatto dal generale stesso e pubblicato di recente da Giuseppe Quilichini (*cfr.* "Campo Imperatore 1943 – La versione della Polizia", Italia Editrice). A conferma di questa versione dei fatti, vi è anche la testimonianza oculare di Bernd Bosshammer, un paracadutista che prese parte all'Operazione "Quercia", il quale asserisce di aver visto Soleti estrarre una pistola poco prima dell'imbarco sull'aliante ed essere stato disarmato dai soldati attorno a lui. Va detto che, per molti anni, la stessa vicenda è stata riportata in maniera leggermente diversa e si è basata sul racconto contenuto nelle memorie di Skorzeny e del suo aiutante, Karld Radl. Secondo quest'ultimo, la mattina del 12 settembre, Soleti si presentò al Ministero dell'Interno in ritardo rispetto a quanto stabilito il giorno prima (durante il colloquio intercorso con Student) e dopo essere stato condotto a Pratica di Mare dinanzi a Student, accettò senza troppe proteste il volere del generale tedesco (*cfr.* "*Die Blitzbefreiung Mussolinis: Mit Skorzeny am Gran Sasso*", di Karl Radl, edito da Pour le Mérite).

(22) A Campo Imperatore, infatti, è presente anche un reparto cinofilo. I cani, che Pannuti non vede più in giro, sono stato rinchiusi qualche giorno prima dell'arrivo dei tedeschi.

(23) L'Ispettore Gueli, pur essendo uno dei carcerieri di Mussolini, stimava ed apprezzava il Duce e non è da escludere che la sua posizione gli abbia procurato non pochi conflitti interiori. In un suo memoriale, ricordando il giorno in cui gli fu affidato il delicato incarico, scriverà infatti: "*Allorché mi convocò il Capo della Polizia, mi chiarì che si trattava di salvaguardare la persona di Mussolini ed impedire, in tutti i modi, che i tedeschi lo rapissero. In tal caso, bisognava far fuoco sul 'prigioniero' e far trovare un cadavere. Risposi che ero un uomo di battaglia e non un assassino e allora lui mi disse che della bisogna erano stati incaricati i Carabinieri. [...] Nella notte, trascorsa insonne, però presi la mia decisione: poiché la sorte, fra milioni di italiani rimasti fedeli al Duce, dava a me l'occasione favorevole, dovevo fare di tutto per salvarlo*"(*cfr.* "*I segreti della Seconda Guerra Mondiale*" di Luigi Romersa, edito da Mursia). Gueli resterà fedele a Mussolini anche durante i giorni della R.S.I., in seno alla quale ricoprirà la carica di Questore di Trieste.

(24) Grazie ai questi posti di blocco, il Prefetto dell'Aquila venne a sapere della presenza della colonna tedesca in movimento ed avvertì tempestivamente l'Ispettore Gueli.

(25) Di Vitocco e Natali, che nel compiere il loro dovere hanno sacrificato la propria vita, per anni non si è mai saputo nulla. Nei rapporti ufficiali, sia tedeschi che italiani, non si fa menzione della loro morte. Addirittura, in un rapporto dei Carabinieri, si sottolinea che Natali non faceva parte del reparto, ma che era un aggregato. Solo di recente la Storia ha riscoperto i loro nomi, grazie soprattutto al lavoro dello storico Marco Patricelli ed alle sue opere riguardanti le vicende del Gran Sasso in quel lontano settembre 1943.

(26) Piccola curiosità: l'esordio ufficiale dell'*FG-42* (*Fallschirmjäger Gewehr 42*) sul campo di battaglia, avvenne proprio con l'Operazione "Quercia".

(27) La presenza dell'arma anticarro, apparentemente inutile considerata la missione, aveva in realtà un suo

95

perché. Von Berlepsch, infatti, intendeva impiegarla come "*ariete*" qualora l'ingresso dell'albergo fosse stato fortificato dagli italiani.

(28) Letteralmente "*catene*", costituisce l'unità operativa più piccola nell'ambito dell'organizzazione del volo degli alianti tedeschi ai tempi della Seconda Guerra Mondiale.

(29) Sull'accaduto, le versioni riportate sono ovviamente contrastanti. Nelle sue memorie, Skorzeny racconta di aver perso contatto con Langguth dopo aver attraversato un banco di nubi. Student, invece, sostiene che i piloti del gruppo di Skorzeny non avevano capito il senso della manovra di Langguth, poiché la stessa, probabilmente, non era stata concordata in fase di "*briefing*". Vi è poi la versione di Bernd Bosshammer, secondo cui Skorzeny, poco dopo il decollo, aveva convinto il pilota dell'aliante ad atterrare per primo sul Gran Sasso. Le parole del paracadutista lascerebbero dunque intendere che il passaggio in testa al gruppo non sia avvenuto per puro caso, ma che sia stato il frutto di una precisa volontà dell'austriaco. Infine l'ultima versione, quella del Tenente Meyer, che nel suo rapporto ufficiale post-missione ha escluso di aver ricevuto indicazioni circa l'ordine di atterraggio da parte di Skorzeny.

(30) Anche in questo caso, la versione riportata da Skorzeny nelle sue memorie contrasta con quanto affermato da Meyer nel suo rapporto ufficiale. Il Tenente, infatti, sostiene di non aver mai ricevuto alcuna istruzione di volo da parte di Skorzeny e lascia intendere che sia stato lui a decidere quando sganciare l'aliante dall'aereo madre e come effettuare l'atterraggio. E' dunque difficile stabilire come siano andate le cose. Si tratta solo di una nostra ipotesi, ma probabilmente, visto il temperamento di Skorzeny, è plausibile ritenere che l'austriaco, più che impartire ordini come sostiene, abbia incitato Meyer a rischiare il tutto per tutto pur di riuscire ad atterrare per primo. Un incitamento "*enfatizzato*" poi da Skorzeny nelle sue memorie, a tal punto da descriverlo come un ordine.

(31) Dopo essere entrato nella stanza, Skorzeny sostiene di aver dato un calcio alla sedia dell'italiano e di aver messo fuori uso il centralino con il calcio della sua pistola mitragliatrice (verosimilmente una *MP40*). Ma c'è chi mette in dubbio questa ricostruzione. Per alcuni, Skorzeny, nella foga di uscire dall'aliante, avrebbe dimenticato al suoi interno la propria arma ed una volta giunto dentro la stanza delle comunicazioni avrebbe avuto con sé solo la pistola di ordinanza – una *Walther PPK*. A sostegno di questa ricostruzione, vi sarebbe il fatto che in tutte le foto scattate dopo l'operazione, Skorzeny non è mai ritratto con un fucile o una pistola mitragliatrice (*cfr.* "*Rescuing Mussolini – Gran Sasso 1943*", di Robert Forczyk, edito da Osprey).

(32) In capo a Faiola gravava l'ordine di uccidere Mussolini, nel caso i tedeschi avessero tentato di liberarlo. Invece, come abbiamo avuto modo di sottolineare in una precedente nota, la posizione di Gueli sembrava essere più vicina al Duce e favorevole ad una sua consegna ai tedeschi. Purtroppo sul rapporto tra i due militari e sulle loro intenzioni non è mai stata fatta chiarezza e ciò ha contribuito a rendere ancor più problematica la ricostruzione di quei momenti concitati.

(33) E' in questo momento che Gueli, affacciato alla finestra della sua stanza, notando l'arrivo dei paracadutisti, inizia ad urlare ai Carabinieri di non sparare.

(34) Trattasi, probabilmente, di paracadutisti.

(35) Più probabilmente, anziché Carabinieri intenti ad uscire, Skorzeny incontra sulla sua strada la mobilia della barricata.

(36) La scena di Skorzeny che si fa strada tra una massa (inerme) di Carabinieri è, con buona probabilità, una ricostruzione più teatrale che storica. Anche qui, verosimilmente, Skorzeny è alle prese con i resti della barricata eretta all'ingresso, mentre quelli che definisce "*i miei uomini*" sono probabilmente paracadutisti, come riportato in nota (34), che anziché seguire Skorzeny al piano superiore si preoccupano di mettere in sicurezza il piano terreno e sorvegliare i Carabinieri presenti.

(37) La fortuna è cieca, ma Skorzeny confonde il piano: la stanza del Duce si trova infatti al secondo piano.

(38) Faiola ed Antichi.

(39) Sebbene gli italiani non si fossero ancora formalmente arresi, era chiaro a tutti che non ci sarebbe stata alcuna reazione da parte delle guardie.

(40) Von Berlepsch non sa che la stazione è già sotto controllo e per sicurezza decide di inviare rinforzi.

(41) Una volta a Vienna, Skorzeny sarà raggiunto telefonicamente dal *Führer*, il quale si rivolgerà a lui chiamandolo "*Maggiore Skorzeny*". E' stato promosso sul campo e successivamente sarà decorato con la *Ritterkreuz*.

Nuove operazioni e nuovi reparti

Otto Skorzney fotografato con alcuni dei suoi uomini a Friedenthal in 'tenuta' estiva (*Skorzeny Files*).

Membri della *Jagdeinsatz Slowakei* prima di un'operazione in territorio nemico.

Conclusa l'operazione sul Gran Sasso, Skorzeny fece ritorno a Friedenthal, per impegnarsi nella riorganizzazione e nell'espansione delle sue unità speciali, che nel frattempo avevano assunto la denominazione ufficiale di *SS-Jäger-Bataillon 502* (ufficialmente dall'aprile del 1944), per prepararsi a nuove operazioni, alcune delle quali non furono mai portate a compimento. Tra queste, un tentativo di rapimento del Maresciallo Pétain a Vichy, accusato di stare tramando con gli Alleati, nell'autunno del 1943, fermato all'ultimo momento. Nel marzo del '44, Skorzeny ed i suo agenti furono impegnati nel raccogliere informazioni in vista della nuova offensiva nei Balcani, con la quale si intendeva attaccare il Quartier Generale di Tito, localizzato nell'area di Drvar in Bosnia e catturare lo stesso capo partigiano. Nell'occasione, lo stesso Skorzeny, fu abile nell'ottenere precise informazioni dalla popolazione locale ed i suoi agenti riuscirono a sapere che la notizia dell'imminente offensiva tedesca era già trapelata ed i partigiani comunisti si stavano preparando adeguatamente rinforzando le difese intorno a Drvar. Malgrado le indicazioni di Skorzeny, che sconsigliò l'attacco, l'operazione fu lanciata comunque e si risolse solo con un successo parziale, visto che Tito riuscì a fuggire in tempo. Nel frattempo, tra il febbraio e l'aprile del 1944, giunsero a Friedenthal nuovi volontari, soprattutto molti ex-membri delle unità speciali del *Brandeburgo*: dopo la decisione dell'*OKW* di trasformare la loro unità in una normale *Panzergrenadier Division* da impegnare al fronte come una normale forza combattente, molti membri, soprattutto sottufficiali ed ufficiali, fecero richiesta di trasferimento alle unità speciali SS di Skorzeny. Grazie a questo nuovo afflusso di volontari provenienti dalla Brandeburgo e di nuovi volontari stranieri provenienti da ogni angolo d'Europa, l'*SS-Jägerbattaillon 502* divenne la

97

SS-Jagdverbände Mitte e fu possibile formare quattro nuovi battaglioni, o *Jagdverbänden*. L'*SS-Stubaf*. Skorzeny si trovò così al comando di ben cinque unità:

Ion Toba.

a) ***Jagdverbände Mitte***, agli ordini dell'*SS-Hstuf*. Fucker[1] e costituita da una compagnia di comando, una di rifornimenti, una compagnia di armi da accompagnamento, tre compagnie di fucilieri e altre quattro compagnie formate da volontari stranieri.

b) ***Jagdverbände Südost***, agli ordini prima dell'*SS-Stubaf*. Alexander Auch, nato a San Pietroburgo ed ex-membro del *Lehr.Rgt.z.b.V.800* e poi dall'*SS-Stubaf*. Benesch, suddivisa in sei sotto-unità:

-Jagdeinsatz Slowakei (formata da cechi, slovacchi e *volksdeutschen*, comandante Dr.Walter Pawlowski)

-Jagdeinsatz Serbien-Kroatien (volontari jugoslavi e da *volksdeutschen*)

-Jagdeinsatz Rumanien (formata da 245 rumeni posti al comando prima dell'*Hstuf*. Müller e poi dello *Stubaf*. rumeno Ion Toba. Settanta di essi furono paracadutati in Romania per missioni speciali di sabotaggio.

-Jagdeinsatz Ungarn (volontari ungheresi e *volksdeutschen*, comandante *Hstuf*. Wolfram Kirchner)

-Jagdeinsatz Bulgarien (volontari bulgari, agli ordini dell' *Ostuf*. Werg)

-Jagdeinsatz Albanien (volontari albanesi e macedoni)

-Jagdeinsatz Donau[2].

L'*SS-Stubaf*. Skorzeny a colloquio con un istruttore di sci per i suoi uomini nel Sud Tirolo, febbraio 1944 (*Skorzeny Files*).

c) ***Jagdverbände Südwest***[3], comandata dall'*SS-Hstuf*. Gerlach, suddivisa in tre sotto unità:

-Jagdeinsatz Italien (volontari italiani posti al comando dell'*SS-Stubaf*. Beck e dell'*SS-Hstuf*. italiano Martini, entrambi ex membri del *Brandeburgo*)

-*Jagdeinsatz Nordfrankreich* (volontari bretoni e fiamminghi agli ordini dell'*Ustuf*. Pawels)
-*Jagdeinsatz Südfrankreich* (volontari francesi e spagnoli agli ordini dell'*Ustuf*. Demetrio)

d) **Jagdverbände Ost**, agli ordini dell'*SS-Stubaf*. Barone Adrian Von Fölkersam cui seguì, dopo la sua morte, l'*SS-Stubaf*. Heinze e l'*SS-Stubaf*. Auch; era suddivisa in tre sotto unità:

L'**SS-Hstuf. von Fölkersam, Capo di Stato Maggiore dell'SS-Jägerbattaillon 502, prima di assumere il comando della Jägdverbande Ost, con volontari del Baltico (Skorzeny Files).**

-*Jagdeinsatz Ostland* (derivata dall'unità *Streifkorps Baltikum* della divisione *Brandeburgo*, fu dapprima chiamata *Jagdeinsatz Baltikum* e posta sotto il comando dell'*SS-Stubaf*. tedesco Dr. Pechau, assistito dall'*Hstuf*. estone Villem Raid.
-*Jagdeinsatz Russland* (volontari russi, ucraini e caucasici)
-*Jagdeinsatz Polen* (*volksdeutschen* polacchi)

e) **Jagdverbände Nordwest**, comandata dall'*Hstuf*. Hoyer, cui seguì nell'ultimo mese di guerra l'*SS-Hstuf*. Dethier, costituita da sette compagnie formate da volontari norvegesi, danesi, svedesi, finlandesi e olandesi.

Tutti i membri di queste unità furono impegnati principalmente in azioni di sabotaggio ed in missioni segrete oltre le linee nemiche, nei vari territori occupati man mano dalle forze sovietiche o alleate. Svolsero un ruolo importante, anche le varie scuole di specializzazione create appositamente per l'addestramento degli agenti, partendo dalle strutture già esistenti dell'*SD*, in tutta Europa.

Note

(1) Karl Fucker, nato il 14 febbraio 1915 a Vienna, SS-Nr. 309 581. Aveva servito nella Divisione SS 'Nord'.

(2) Composta da una trentina di volontari tra tedeschi ed ungheresi, agli ordini prima dell'SS-Hstuf. Primer e poi dell'SS-Ustuf. Walter Schreiber, incaricati di risalire il Danubio a bordo di battelli e portare rifornimenti a Budapest assediata dai sovietici. La loro missione non ebbe tuttavia successo.

(3) Fu impegnata contro le bande partigiane lungo il confine italo-francese fino al gennaio del 1945, quando iniziò a lanciare pattuglie dietro le linee della US 7th Army. In seguito, si ritirò in Austria per unirsi alle altre Jagdverbände a Linz.

Operazione Panzerfaust

Horthy con alcuni suoi ufficiali.

Semicingolato della *16.SS* a Budapest.

Otto Skorzeny (*Deutsche Wochenschau*).

Man mano che le sorti del conflitto volgevano a sfavore dei tedeschi, la maggior parte degli alleati della Germania iniziarono a prendere contatti con le potenze alleate per tentare di uscire dal conflitto con il minor danno possibile. L'Ungheria in particolare, dopo la disfatta tedesca di Stalingrado, aveva manifestato palesemente il suo desiderio di sganciarsi dall'alleanza con la Germania. L'ammiraglio Horthy, reggente di Ungheria, tramite suoi emissari ed in forma ufficiosa, aveva esplicitamente chiesto agli alleati le condizioni per una pace separata, ma sfortunatamente le sue intenzioni ed i suoi contatti segreti, furono intercettati dagli agenti segreti tedeschi. Hitler, per prevenire il voltafaccia ungherese, nel marzo del 1944, con l'operazione *'Margarethe'* incrementò la presenza militare tedesca in Ungheria, costringendo Horthy ad allinearsi nuovamente alla politica dell'Asse. Nella tarda estate del 1944, con i sovietici ormai a ridosso dei confini ungheresi e dopo la defezione sia della Romania che della Bulgaria, il Reggente Horthy tentò nuovamente di 'tradire' l'alleato tedesco. Verso la fine del mese di settembre del 1944, le forze sovietiche erano penetrate nell'Ungheria orientale conquistando le città di Temesvar e Arad. Con i sovietici ormai in casa, malgrado la presenza delle truppe tedesche, Horthy riprese i collegamenti con gli agenti sovietici per giungere ad un accordo. Il possibile cambio di campo ungherese rappresentava per la Germania un grave problema sia economico che militare: i tedeschi importavano dall'Ungheria petrolio, bauxite e grano, tutte materie indispensabili per la continuazione della guerra. Inoltre se gli ungheresi avessero cessato di combattere avrebbero messo in serio pericolo le unità tedesche attestate a difesa dei Carpazi e nei

Balcani. Ancora una volta gli agenti tedeschi informarono Berlino circa le intenzioni di Horthy: Hitler sapeva benissimo che Horthy desiderava abbandonare l'alleanza con la Germania ma sapeva anche quanto gli ungheresi fossero profondamente anti-comunisti e quindi difficilmente avrebbero seguito il loro capo.

L'*SS-Stubaf.* Skorzeny in alta montagna (*Collezione H. Page Taylor*).

Scatta l'ora di Skorzeny

Per risolvere la situazione, Hitler inviò a Budapest l'*SS-Stubaf.* Otto Skorzeny per una missione speciale, dando ordini precisi: se Horthy avesse tentato realmente di collaborare con i sovietici doveva essere destituito ed arrestato. L'operazione fu denominata in codice "*Panzerfaust*" (Pugno corazzato). La notizia del possibile tradimento di Horthy era stata confermata anche da un rapporto dell'*SD*, nel quale si riferiva che il figlio del reggente ungherese, Niklas aveva organizzato un incontro con rappresentanti di Tito per il 15 ottobre. La *Gestapo* conosceva esattamente dove e quando sarebbe avvenuto l'incontro.

Tigre reali (*Königstiger*) dello *Schwere Pz.Abt.503* e soldati della 22.*SS-Frw.Kav.Div.* per le strade di Budapest, Ottobre 1944.

Skorzeny ricevette l'ordine di catturare Miklos Horthy e prenderlo in ostaggio e a tal scopo si informò subito dove fosse la residenza dell'ammiraglio Horthy e sulla consistenza delle truppe ungheresi a disposizione del reggente. Secondo i rapporti ricevuti, a Budapest erano presenti tre divisioni dell'*Honved* mentre a Buda dove sorgeva il palazzo reale, sede del governo, c'erano due battaglioni di fanteria, parte di un reggimento da montagna, un reggimento di artiglieria contraerea e alcuni mezzi corazzati.

Königstiger dello *s.Pz.Abt.503* e soldati della *22.SS-Frw.Kav.Div.*

All'interno del palazzo reale c'erano circa duecento uomini della guardia personale del reggente. Skorzeny partì alla volta di Budapest al comando di un battaglione di paracadutisti della *Luftwaffe*, alcune compagnie dell'*SS-Fallschirmjäger-Bataillon 600*, lo speciale battaglione paracadutisti della *Waffen SS* e naturalmente elementi della sua *SS-Jagdverbande Mitte*. Nella capitale ungherese erano già state inviate anche altre truppe tedesche al comando dell'*SS-Obergruppenführer* Bach-Zelewsky, l'uomo che aveva soffocato la rivolta di Varsavia. Spiccava tra esse la *22.SS.Freiwilligen-Kavallerie-Division*, una divisione di cavalleria formata da *volksdeutschen* d'Ungheria ed autentici ungheresi con alcuni ufficiali veterani della divisione SS di cavalleria *Florian Geyer*.

Königstiger dello *s.Pz.Abt.503* e soldati della *22.SS-Frw.Kav.Div.*

Costituita nella primavera del 1944, dopo l'ingresso delle truppe tedesche in Ungheria, la divisione era stata posta agli ordini dell'*SS-Brigadeführer* August Zehender.

Paracadutisti dell'*SS-Fallsch.-Bataillon 600* a Budapest.

Inizia l'operazione

Skorzeny con l'aiuto di von Fölkersam, preparò i suoi reparti speciali per l'azione, disponendoli intorno all'edificio dell'incontro tra il figlio di Horthy e gli agenti comunisti, dove si trovavano gli uffici della Compagnia Battelli a Vapore del Danubio. Dalle memorie dello stesso Skorzeny:

"...*Domenica 15 ottobre. Le strade di Budapest sono vuote all'orario dell'appuntamento. La mia compagnia è in una strada laterale caricata su camion coperti. L'SS-Hstuf. von Fölkersam è in contatto con me, dal momento che non posso farmi vedere in uniforme. Il mio autista ed un altro uomo, entrambi del personale della* Luftwaffe, *stavano prendendo una boccata d'aria in un piccolo giardino in mezzo alla piazza. Sono salito sulla mia auto poco prima che l'incontro avvenisse. Quando sono entrato nella piazza, ho notato un mezzo militare ungherese ed un'auto civile, presumibilmente di Horthy, parcheggiata davanti all'edificio dell'incontro. Ho parcheggiato l'auto davanti a loro in modo da impedirgli un'eventuale fuga. Il piano sopra gli uffici dove doveva avvenire l'incontro era stato occupato fin dal giorno precedente da nostri poliziotti; altri sarebbero intervenuti dalla strada verso le 10:00 per effettuare l'arresto. Tre ufficiali dell'Honvéd erano seduti in un camion coperto, altri due erano seduti sulle panchine nel giardino. Stavo aspettando il da farsi nella mia auto, con il motore acceso, quando si sono uditi i primi spari.*

Tigre reali per le strade di Budapest, ottobre 1944.

Non appena il primo poliziotto è entrato nell'edificio, è partita subito una raffica di mitra dal camion dove c'erano gli ungheresi: un secondo poliziotto è stato colpito allo stomaco. Gli altri due ufficiali ungheresi nel giardino, hanno iniziato a sparare con le loro pistole. Io ho avuto appena il tempo di ripararmi dietro la mia auto quando la porta lato guida è stata crivellata di colpi. La situazione si è fatta critica: soldati ungheresi sono comparsi alle finestre e ai balconi degli edifici. Il mio autista e l'altro camerata si sono avvicinati ritenendomi ferito. L'autista era rimasto a sua volta ferito ma camminava ancora. Avevo dato il segnale al mio reparto e con le nostre armi abbiamo risposto al fuoco nemico; la nostra posizione non era sicura, i proiettili ci piovevano addosso. Foelkersam stava intanto facendo giungere rinforzi nei pressi della piazza: gli ungheresi si ritirarono. Dopo cinque minuti tutto era già finito. I nostri poliziotti uscirono dall'edificio, portando con sé quattro prigionieri. I due prigionieri ungheresi, Miklos Horthy ed il suo collaboratore Bornemisza furono portati in uno dei nostri camion: per nascondere la loro identità erano stati avvolti in tappeti. La nostra ritirata dalla piazza è avvenuta senza incidenti.

Croci frecciate ungheresi con un pezzo anticarro, Budapest 1944.

L'istinto mi portò a seguire il camion con i prigionieri: un'altra auto ed un altro autista furono messi a mia disposizione. A poche centinaia di metri dalla piazza, sotto il ponte Erzebet (Elisabetta) incrociammo tre compagnie ungheresi che si stavano dirigendo sul luogo della sparatoria: se fossero arrivate poco prima sarebbe successo il finimondo. I due prigionieri furono poco dopo portati all'aeroporto per essere portati a Vienna".

L'Assalto alla cittadella

Verso le 13:00 di quello stesso 15 ottobre 1944, malgrado l'aggravarsi della situazione, Horthy parlò ugualmente alla radio, informando gli ungheresi del possibile armistizio stipulato con i sovietici: nello stesso tempo il generale von Farkas fu nominato governatore militare di Budapest, con l'incarico di stroncare qualsiasi azione militare tedesca. Ma ormai però era troppo tardi. Horthy aveva agito di sua iniziativa, senza interpellare il parlamento ungherese ed il primo ministro e gli altri membri del governo non approvarono il suo 'tradimento'. Le dimissioni del Parlamento lasciarono lo Stato Maggiore dell'esercito ungherese nella confusione più totale: nessuna sapeva cosa bisognava fare. In questa impasse lo stesso Skorzeny, comprese che uno scontro armato con le forze ungheresi avrebbe sicuramente facilitato la loro scelta di passare dalla parte dei sovietici. Quindi bisognava trattare per evitare il peggio. Intanto erano giunti a Budapest i reparti dell'*SS-Fallschirmjäger-Bataillon 600* e gli ufficiali cadetti della Scuola di

Wiener Neustadt, armati di tutto punto e pronti ad intervenire. Come forze corazzate in appoggio c'erano anche i *Tigre* dello *s.Panzer-Abteilung 503*. Poco a poco i reparti tedeschi occuparono i punti nevralgici della città, mentre il grosso delle forze si stringeva intorno alla collina di Buda dove sorgeva il castello e dove si erano asserragliate le alte personalità civili e militari ungheresi. Le truppe ungheresi sulla collina stavano aspettando i movimenti tedeschi con molta apprensione: la maggior parte di loro non gradiva battersi con i loro vecchi camerati. Su ordine di Horthy una delegazione ungherese si recò da Skorzeny verso la mezzanotte per parlamentare. Skorzeny sapeva benissimo che gli ungheresi volevano prendere tempo e quindi decise di tagliar corto dando un ultimatum: se le barricate intorno alla collina del castello e i posti di blocco non fossero stati rimossi per le 6:00 del mattino seguente, i tedeschi avrebbero tratto le necessarie conclusioni.

La colonna di Skorzeny, preceduta da un Tigre reale, penetra nel *Burgberg*.

L'ufficiale ungherese incaricato promise di fare il possibile: Skorzeny era deciso a portare a termine l'operazione *Panzerfaust*. Mentre la compagnia paracadutisti SS arrivava al Ministero dell'interno dal ponte Ketten e la *1./SS.Jagd.'Mitte'*, agli ordini dell'*SS-Ostuf*. Werner Hunke, si dirigeva verso il castello di Buda da ovest, il grosso delle forze entrò nel *'Burgberg'* (la collina del castello) dalla cosiddetta porta di Vienna. I soldati ungheresi non opposero praticamente resistenza ed il *Burgberg* fu neutralizzato in meno di mezz'ora. Negli scontri ci furono sette morti, quattro tedeschi e tre ungheresi. Dalle memorie di Skorzeny: "...*Poco prima delle 5:30, quando è iniziato ad albeggiare ho preso posto sul mio camion alla testa della colonna. Dietro di me, c'erano due carri Tigre seguiti da un plotone di una compagnia di Goliath e altre truppe sugli altri camion. Per precauzione ho inviato il mio secondo al quartier generale per accertarmi se gli ungheresi avessero fatto sapere qualcosa. Ricevuta risposta negativa, continuiamo. Sul mio camion c'era Foelkersam e Ostafel, insieme ad altri cinque sottufficiali veterani dell'operazione sul Gran Sasso. Ciascuno è armato con una pistola mitragliatrice, qualche granata a mano e* **Panzerfaust** *per poter distruggere i carri ungheresi nella cittadella. Un minuto prima delle 6:00, ho alzato il mio braccio per dare il segnale dell'inizio dell'operazione. Devo solo sperare che nessuno dei veicoli della colonna salti su una mina e possa bloccare l'avanzata degli altri mezzi. La porta Vienna ci apparve libera, la strada sembrava aperta.*

Soldati della 22.SS armati con Panzerfaust e Faustpatrone nel castello di Buda, ottobre 1944.

Un'altra foto di soldati della 22.SS nel castello di Buda.

Qualche soldato ungherese restò a guardare impassibile la nostra avanzata. Più avanti, sulla destra, abbiamo incontrato il primo posto di blocco ungherese: dietro i sacchetti di sabbia c'erano due mitragliatrici ma senza serventi. Abbiamo imboccato la strada dove c'era l'ambasciata tedesca. Arrivati nei pressi del Ministero della Guerra si sono sentite delle forti esplosioni. I nostri uomini dovevano aver fatto saltare le ostruzioni del tunnel sotto la cittadella: il momento critico era arrivato. Tre carri ungheresi si erano posti davanti a noi, ma dall'alzo del cannone del carro di testa, sembra che non abbiano nessuna intenzione di battersi. Una barricata di pietre era stata piazzata di fronte all'ingresso della cittadella. Ordinai all'autista del primo carro di travolgerla; la possanza della sua mole riuscì ad aprire il varco permettendo agli altri veicoli di entrare nella cittadella. Quando abbiamo varcato la barricata un colonnello ungherese si è fatto incontro per fermarci, ma von Fölkersam lo ha neutralizzato. Anche tutte le altre guardie ungheresi sono state neutralizzate dai nostri camerati. Siamo finalmente giunti al palazzo reale: dopo essere saliti al primo piano abbiamo imboccato un corridoio alla nostra sinistra, lasciando uno dei miei uomini dietro per coprirci. Continuando a salire, incontriamo un generale ungherese; 'siete voi il comandante, chiedo? Voi dovete ordinare ai vostri uomini di arrendersi. Se non lo fate sarete responsabile della loro morte: decidete subito. Ogni resistenza è ormai inutile, siete circondati!'. *L'ufficiale accettò di arrendersi e si incaricò di far cessare il fuoco. Dopo solo dieci minuti, la battaglia per la cittadella si era conclusa. Accompagnato da due ufficiali ungheresi, come interpreti, ci spostiamo nella sala del reggente, ma Horthy non c'era: era fuggito ponendosi sotto la protezione dell'SS-Ogruf. Pfeffer-Wildenbruch, comandante del IX.SS-Gebirgs Korps.*

Piazza San Giorgio: Skorzeny con Fölkersam e Walter Girg.

La famiglia del reggente si era precedentemente rifugiata presso la residenza del Nunzio Papale a Budapest. Altri spari giunsero dall'altra sponda del Danubio, subito sedati dall'intervento dei paracadutisti SS. L'intera operazione era durata circa mezz'ora. Le nostre perdite ammontano a quattro morti e 12 feriti: da parte ungherese si lamentano 3 morti e 15 feriti".

Un Paracadutista SS (di guardia) e Croci frecciate ungheresi davanti al Palazzo del Governo a Buda, ottobre 1944.

L'arrivo di Ferenc Szalasi al palazzo del governo ungherese, sempre presieduto dai paracadutisti SS di Skorzeny.

Carro Tigre e 'Croci frecciate' per le vie di Budapest.

Skorzeny, a destra, presenzia la cerimonia per i caduti.

Per rinsaldare l'amicizia tedesco-ungherese il giorno dopo, fu organizzata un'unica cerimonia funebre per i caduti tedeschi e ungheresi nel cortile del palazzo reale. Le truppe tedesche completarono l'occupazione della città insieme alle Croci frecciate di Ferenc Szalasi, nuovo capo del Governo ungherese, senza incontrare alcuna significativa resistenza. L'ammiraglio Horthy fu trasferito in Germania, mentre la guida del paese fu affidata allo stesso Szalasi, capo del Partito Nazionalista Ungherese (*Nylaskeretes Part*). Il simbolo del movimento di Szalasi era la croce con le punte a freccia di Sant'Ivan, e infatti i suoi adepti venivano chiamati *"croci frecciate"*. Nella stessa giornata da Radio Budapest, Ferenc Szalasi invitò tutti gli ungheresi a continuare la battaglia in difesa della civiltà cristiana, al fianco dei tedeschi e contro le orde sovietiche.

Croce Tedesca in Oro

Per l'azione a Budapest, Skorzeny fu promosso *SS-Obersturmbannführer* e fu decorato con la Croce Tedesca in Oro, con la seguente motivazione: "...*Il 24.9.44, l'SS-Sturmbannführer Skorzeny ha ricevuto dal Comando l'incarico di intervenire con un'unità di* combattimento speciale nel baricentro degli eventi politici a Budapest e trovare una soluzione ottimale con il comandante in Capo, il General der Panzer-Truppen Kleemann, che fosse favorevole al Reich. L'azione è stata denominata 'Panzerfaust'.

108

Otto Skorzeny

Un paracadutista SS vicino ad un carro Tigre, dopo i combattimenti intorno al castello di Buda, ottobre 1944.

L'SS-Sturmbannführer Skorzeny ha messo insieme un gruppo da combattimento composto dall'SS-Jg.Btl. 502, dal Fallsch.Jg.Btl. 600, dagli allievi della Kriegschule (scuola di guerra) di Wiener Neustadt e dal Btl.Schluckebier del Fallsch.Jg.Rgt.z.b.V., radunati nelle zone di Budapest. Dopo una lunga preparazione e lunghi tempi di attesa, condizionati da considerazioni politiche, solo il 15.10.44 è potuto partire all'attacco. L'SS-Stubaf. Skorzeny ha preparato l'operazione 'Maus', ('Topo', l'arresto del figlio di Horthy) catturando con un gruppo di combattimento il figlio di Horthy. In questa occasione si è avuto uno scontro tra le squadre di protezione di Horthy, con la forza di circa una compagnia ed il piccolo gruppo di combattimento di Skorzeny. Attraverso l'impegno personale dell'SS-Stubaf. Skorzeny, Horthy junior ed il suo assistente sono stati portati all'aeroporto in sicurezza, mentre le squadre di copertura si distribuivano nelle zone circostanti facendo in maniera che tutto restasse tranquillo. Verso mezzogiorno del 16.10.44, attraverso la radio il presidente Horthy ha annunciato il tradimento, dato che al mattino dello stesso giorno era scattata l'operazione 'Panzerfaust' da parte dei tedeschi. L'occupazione della fortezza di Budapest, nella quale erano sistemati gli uffici dell'amministrazione imperiale, è stata condotta personalmente dall'SS-Stubaf. Skorzeny. È solo grazie alla sua personale iniziativa e ai suoi ordini, limpidi e precisi, che quest'operazione, senza troppi combattimenti e quindi senza troppe perdite da entrambe le parti, ha potuto essere portata a termine. In tempi brevi, la Guardia del Corpo e la Guardia della Corona sono state disarmate ed i punti chiave della fortezza sono caduti in nostro possesso. L'SS-Stubaf. Skorzeny nel frattempo s'insinuava per primo all'interno degli uffici dell'amministrazione imperiale e metteva in sicurezza il personale. Per la formazione del nuovo governo, è stato dato l'incarico a Szalasi. Il Reich Tedesco conferisce all'SS-Sturmbannführer Skorzeny, per il suo valoroso ed importante servizio nell'intervenire nella situazione politica in Ungheria, la Croce Tedesca in Oro".

Operazione Greif

Otto Skorzeny, 1944.

Lancio di un missile V2, fine 1944.

Alla fine del 1944, con le forze alleate sulle rive del Reno pronte a varcare i confini del *Reich*, Hitler lanciò un ultima disperata offensiva sul fronte occidentale. Fallita la speranza di poter capovolgere la situazione militare sul fronte dell'Est, dove la superiorità dei mezzi dell'Armata Rossa e l'ampiezza del fronte, non lasciavano spazio a nessun piano offensivo, sul fronte occidentale la situazione sembrava leggermente più favorevole. Infatti, ad ovest le forze nemiche erano concentrate su di un fronte relativamente molto ristretto, tra le coste olandesi fino al Belgio meridionale. Proprio in questo settore Hitler decise di far scattare la nuova offensiva tedesca. Il piano, denominato *Wacht am Rhein* (Guardia sul Reno) prevedeva lo sfondamento delle linee alleate nelle Ardenne con l'obiettivo di separare le forze americane, dislocate in Francia, da quelle inglesi, in Belgio ed in Olanda, e di conquistare Anversa con il suo porto alfine di bloccare le linee di rifornimento degli alleati. Vista l'impossibilità di fornire un'adeguata copertura aerea alle forze terrestri, si decise di lanciare l'offensiva sotto la 'copertura' delle nuvole, ossia in condizioni meteorologiche proibitive, tali da impedire l'intervento dell'aviazione alleata, oramai padrona dei cieli d'Europa. Il piano di Hitler era certamente ambizioso, ma riuscì tuttavia a cogliere di sorpresa gli Alleati, che non si aspettavano in quel momento una reazione così violenta da parte delle forze tedesche, ritenute ormai sull'orlo della disfatta. Per l'offensiva, furono messe in campo 24 divisioni tedesche, dieci delle quali corazzate, raggruppate nella *6.Panzer-Armee*, agli ordini di Sepp Dietrich, nella *5.* e nella *7.Panzer-Armee*. All'alba del 16 dicembre 1944, otto divisioni corazzate tedesche si lanciarono contro l'*8th U.S. Corps*, cogliendolo praticamente di sorpresa. Contro il porto di Anversa, furono lanciate le bombe volanti *V1* e i missili *V2*, le famose *Vergeltungswaffen* (armi di rappresaglia). A portare ulteriore scompiglio in seno ai comandi alleati, ci pensarono gli elementi della *Panzerbrigade 150*, i 'falsi americani' di Skorzeny, soldati tedeschi in uniforme alleata, che furono impegnati fin dalle prime ore dell'offensiva tra le linee nemiche, cambiando segnali stradali, sbarrando strade, sentieri, ponti e deviando l'afflusso delle truppe alleate verso le zone di combattimento.

Membri della *Panzerbrigade* di Skorzeny con l'uniforme americana durante l'addestramento.

Soldati della *Panzerbrigade* alla vigilia dell'operazione.

L'operazione Grifone

L'impegno degli uomini di Skorzeny, rientrava nei piani dell'operazione *Greif* (Grifone), inclusa nel piano generale dell'offensiva nelle Ardenne. Il 22 ottobre 1944, Hitler già pensando all'offensiva nelle Ardenne, convocò Skorzeny al suo Quartier Generale, per affidargli un nuovo delicato incarico: "..*le voglio affidare una nuova missione, forse la più importante di tutta la sua vita. Fino ad ora, pochissimi sono al corrente del fatto che stiamo preparando nel più grande segreto un'operazione nella quale lei dovrebbe ricoprire una parte di primo piano. Nel mese di dicembre, l'esercito tedesco scatenerà una grande offensiva, il cui esito avrà un'importanza decisiva per il destino della Germania. In quanto a lei e alle unità poste ai suoi ordini, vi abbiamo assegnato uno dei compiti più importanti nel quadro di questa grande offensiva*". Hitler propose quindi a Skorzeny la formazione di una unità speciale, da inquadrare nella 6.*Panzer-Armee*, che doveva essere impiegata in azioni di 'disturbo' dietro le linee alleate e nella conquista dei ponti sulla Mosa allo scopo di mantenerli intatti e sgombri fino all'arrivo delle colonne corazzate tedesche. La vera novità questa volta riguardava il fatto che alcuni membri di questa unità speciale avrebbero dovuto indossare divise americane e muoversi su veicoli alleati catturati. Tutto questo per potersi infiltrare meglio tra i reparti nemici ed una volta in mezzo ad essi poter impartire falsi ordini, sabotare i sistemi di comunicazione e creare confusione. Questo presupponeva inoltre che la maggior parte degli uomini scelti per la nuova unità dovesse conoscere la lingua inglese. "...*L'organizzazione e la preparazione di questa Brigata corazzata dovrà avvenire al massimo in cinque settimane. So benissimo che si tratta di pochissimo tempo, ma sono sicuro che farete l'impossibile*", aggiunse il *Führer*. Ricevuti gli ordini, Skorzeny si mise subito alla ricerca di volontari tra tutte le unità delle forze armate tedesche, in grado di parlare correttamente la lingua inglese. Il tutto doveva avvenire nella più assoluta segretezza in modo da non insospettire i servizi segreti alleati. Il fattore sorpresa era fondamentale per la buona riuscita dell'operazione. Fu a tal scopo emanato un ordine segreto il 26 ottobre 1944, a firma del Generale Keitel: "...*Il* Führer *ha disposto la costituzione di un corpo speciale della forza approssimativa di due battaglioni, da impegnarsi in un'azione esplorativa sul fronte occidentale. Tutte le uniformi americane, gli equipaggiamenti, le armi e i mezzi corazzati catturati al nemico dovranno essere consegnati a questa unità speciale. Tutte le unità della* Wehrmacht, *della* Kriegsmarine, *della* Luftwaffe *e delle SS, devono comunicare il nome di volontari che abbiano i seguenti requisiti: essere fisicamente adatti per una missione speciale e dotati di un alto grado di intelligenza e di una forte personalità; essere perfettamente addestrati al combattimento corpo a corpo; conoscere la lingua inglese ed in particolare il dialetto americano e il linguaggio tecnico-militare. I nomi dei volontari sono da comunicare all'*SS-Ostubaf. Skorzeny, a Friedenthal presso Berlino". Pochi giorni dopo la circolazione dell'ordine di reclutamento, si presentarono moltissimi volontari: tra di essi, alcuni soldati SS di origine americana, qualche volontario inglese del *Britische Freikorps*, volontari olandesi, belgi e francesi. Il gruppo più omogeneo di volontari giunse dal Battaglione paracadutisti SS, due compagnie. Altri due battaglioni di paracadutisti della *Luftwaffe* giunsero dalla *Kampfgeschwader 200*, l'unità speciale della *Luftwaffe* per le missioni segrete.

Un autoblindo americano catturato dai tedeschi.

A Friedenthal giunsero alla fine circa 3.300 volontari, ma Skorzeny ne ritenne validi solo 2.500. Di questi, 500 provenivano dalla *Waffen SS*, 800 dalla *Luftwaffe*, 1.000 dall'Esercito e 200 dalla *Kriegsmarine*. Per prima cosa Skorzeny dovette impegnarsi a tentare di amalgamare quella forza così eterogenea. Come reparti già formati c'erano solo la *1.Kp./SS-Fallsch.Jg.Btl. 600* dell'*SS-Ostuf*. Fritz Leifheit, la *5.Kp.* della *SS-Jagdverbande Mitte* e la *7./Pz.Rgt.11 (6.Pz.Div.)*. Con questi reparti, Skorzeny avviò la formazione della Brigata corazzata a Eberswalde. Gli equipaggi dei carri per la Brigata provenivano dal *Panzer Abteilung 655*, mentre i reparti esploratori dalla *90.Pz.Div.* e dalla *2.Pz.Div.* Gli artiglieri provenivano dall'*Artillerie-Regiment 40*, mentre i pezzi di artiglieria furono messi a disposizione dalla *Führer Grenadier Brigade*. Il comando della Brigata fu costituito a Grafenwöhr da gran parte del *Brigadestab* e delle unità della *Panzer-Brigade 108*.

Un *Panther* della brigata 'mimetizzato' come un *M-10*.

Un cannone d'assalto della *Panzer Brigade 150*.

Uomini della *Panzer Brigade 150* ed un *Panther*.

L'unità Stielau

Per il reparto speciale che doveva infiltrarsi dietro le linee nemiche, l'*Einheit Stielau*, agli ordini dell'*SS-Hstuf*. Stielau), Skorzeny selezionò solo 150 uomini, dei quali solo una quarantina rispondevano ai requisiti richiesti e di questi solo una decina parlava correttamente l'inglese. Per velocizzare i tempi, gli uomini furono sottoposti a corsi intensivi di lingua inglese e di *slang* americano, oltre al normale e duro addestramento tecnico-militare. I volontari seguirono corsi in demolizione ed in tecniche radio. Studiarono l'organizzazione dell'esercito americano, impararono a riconoscere i gradi ed il saluto militare. Alcuni furono inviati nei campi di prigionia di Küstrin e Limburg per 'rinfrescare' il loro inglese a contatto con i prigionieri americani. Altro grave problema per l'unità Stielau, fu il mancato arrivo degli equipaggiamenti 'speciali': la maggior parte delle uniformi americane recuperate provenivano dai campi di prigionia e recavano la scritta *POW* (Prigioniero di guerra) dipinta sulle spalle. Per quanto riguardava poi i veicoli alleati da impiegare in zona di operazioni, furono recuperate solo alcune *Jeep* americane, un carro *Sherman* e una ventina di camion *Ford*. Per sopperire alla mancanza di mezzi corazzati nemici, alcuni *Sturmgeschütz* e dei *Panther* tedeschi, furono mimetizzati alla meglio come carri americani, con tanto di Stella Bianca a cinque punte dipinta sulla torretta. I carri *Panther* con alcune piastre aggiuntive intorno alla torretta potevano passare per degli *M-10* americani, ma gli *Sturmgeschütz* certamente no. L'unico *Sherman* disponibile, ebbe dei problemi meccanici poche ore prima dell'inizio dell'operazione e non fu utilizzato.

La Panzer Brigade 150

Già a metà novembre, Skorzeny presentò al Generale Jodl, i quadri della sua nuova unità che assunse ufficialmente il nome di *Panzer Brigade 150*. Vista la disponibilità dei mezzi, Skorzeny riorganizzò l'unità su due soli battaglioni, ciascuno con quattro compagnie di fanteria, un plotone antiaereo (*Flak*), una compagnia esploratori ed una corazzata. Completavano l'unità due compagnie anticarro, una compagnia pionieri, una compagnia comunicazione ed altri reparti con i relativi Comandi e Stati maggiori. La nuova formazione comprendeva circa 2.500 uomini con una ventina di carri. L'addestramento continuò senza sosta tra i campi di Friedenthal e Grafenwöhr. Mentre sul piano militare tutto sembrava procedere bene, il problema principale restava sempre l'apprendimento della lingua inglese: la maggior parte dei volontari aveva imparato a malapena a dire 'Yes' e 'Okay' e secondo lo stesso Skorzeny, non avrebbero potuto ingannare nemmeno un americano sordo! Inoltre, malgrado si continuasse a lavorare nella più assoluta segretezza, le informazioni circa la nuova offensiva tedesca sul fronte occidentale e la preparazione dei colpi di mano oltre le linee alleate, iniziarono a giungere al nemico. Lo stesso ordine segreto di Keitel del 26 ottobre, giunse all'inizio di novembre in mano all'*Intelligence* alleata. Iniziarono addirittura a circolare voci riguardo al possibile tentativo dei tedeschi di rapire il generale Eisenhower nel suo quartier generale di Parigi. Su una rivista americana comparvero le foto dei reparti speciali di Skorzeny in addestramento, con tanto di uniforme americana, scattate da alcune spie degli alleati.

SS-Stubaf. **Otto Skorzeny.**

Un semicingolato americano della *Panzerbrigade 150*.

Lo stesso Skorzeny fu sul punto di abbandonare il progetto dopo essere venuto a conoscenza della 'fuga' di notizie. Stranamente però, l'Intelligence alleata non diede adito a queste voci ed accolse con scetticismo queste notizie, classificandole come mera propaganda depistatrice. Per disorientare maggiormente gli alleati fu fatta circolare la voce che l'obiettivo della Brigata era quello di entrare in territorio francese per rilevare le guarnigioni assediate di Lorient e Dunkerque e addirittura raggiungere Parigi per sabotare l'intero comando supremo alleato. Skorzeny ed i suoi poterono così continuare indisturbati il loro addestramento. L'obiettivo principale dei reparti della brigata consisteva nell'assicurare il controllo dei tre ponti dietro le linee nemiche a Huy, Engis e Amay ed avendo tre obiettivi strategici da raggiungere, Skorzeny divise la sua unità in tre gruppi da combattimento, denominati X, Y e Z. I comandanti erano:

Kampfgruppe X: *SS-Ostubaf.* Willi Hardieck
Kampfgruppe Y: *Hauptmann* Scherff
Kampfgruppe Z: *Oberstleutnant* Wolf

Ciascun *Kampfgruppe* era composto da un plotone comando, tre compagnie fucilieri motorizzate (su camion *Ford*), due plotoni di fanteria corazzata, due plotoni anticarro, due plotoni mortai, un plotone pionieri ed un plotone comunicazioni. I primi due *Kampfgruppe* X e Y, disponevano di cinque carri Panther e cinque cannoni di assalto. Il *Kampfgruppe Z* non disponeva di mezzi corazzati. Il *Kampfgruppe X* doveva agire in congiunzione con il *Kampfgruppe* corazzato delle SS, agli ordini dell'*SS-Ostubaf.* Joachim Peiper della *Leibstandarte Adolf Hitler*. L'unità speciale Steilau, venne fornita di uniformi ed equipaggiamenti americani, inclusi dollari, documenti falsi e montata su *Jeep*.

Uno StuG.III seguito da un semicingolato americano e altri veicoli.

Essa fu suddivisa in nove squadre di quattro o più uomini ciascuna. Questi 'agenti sabotatori' dovevano svolgere tre compiti principali: alcune squadre di demolizione di cinque o sei uomini, dovevano sabotare i ponti e i depositi americani. Squadre esploratrici composte da tre o quattro uomini, dovevano procedere oltre la Mosa e riportare i movimenti delle truppe alleate. Altre squadre avanzate composte sempre da tre o quattro uomini, dovevano precedere le colonne corazzate tedesche per fornire falsi ordini, prevenire la distruzione dei ponti vitali per il passaggio delle truppe, piantare false indicazioni di campi minati per bloccare le truppe nemiche, cambiare i segnali stradali e tagliare le linee telefoniche. La mancanza di *Jeep* creò qualche problema nell'organizzazione delle squadre, causando una loro riduzione numerica. Solo il 10 dicembre i comandanti dei *Kampfgruppe* conobbero i piani dettagliati dell'operazione e dovettero aspettare fino all'ultimo per poterli comunicare ai loro ufficiali subordinati. Dalle parole di Skorzeny i dettagli dell'operazione: "*...la missione della Brigata era quella di prendere possesso di almeno due ponti intatti tra le seguenti località, Amay, Huy e Ardenne. Questa azione doveva iniziare quando l'attacco delle unità corazzate avesse raggiunto l'Hohes Venn, la regione boscosa nell'Eifel, lungo una linea che andava a nord-est e sud-ovest da Spa. Allo stesso tempo le mie truppe dovevano muovere in avanti durante la notte e raggiungere i loro obiettivi sei ore dopo. Era stato pianificato che le avanguardie tedesche dovessero raggiungere l'Hohes Venn nel primo giorno dell'offensiva e che noi dovevamo muoverci durante la notte stessa.*

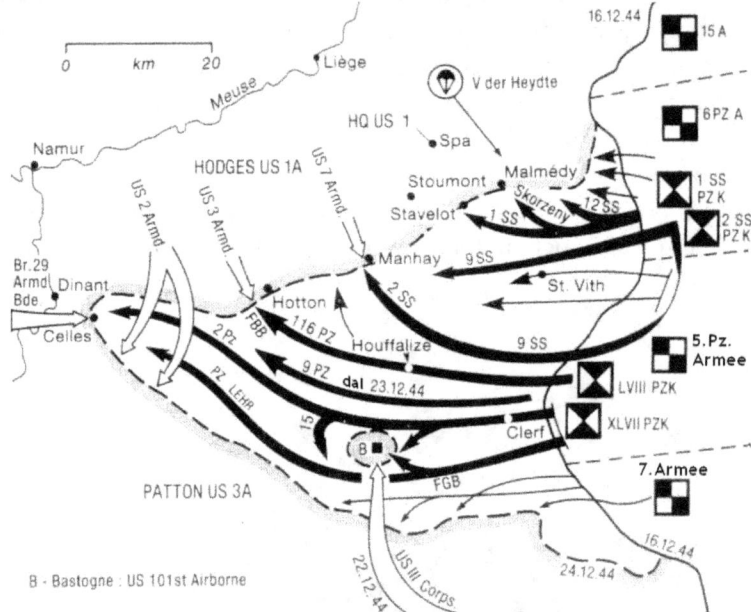

Mappa offensiva nelle Ardenne. In nero le direttrici degli attacchi tedeschi, in bianco le controffensive americane.

Il piano doveva essere attuato solo quando l'area dell'Hohes Venn fosse stata raggiunta, perché era necessario muovere in avanti cogliendo il nemico di sorpresa e senza sparare un colpo. I tre gruppi dovevano muovere parallelamente verso i ponti assegnati". Il problema del riconoscimento dei 'falsi americani' da parte delle truppe amiche era di vitale importanza per la buona riuscita dell'operazione. Tutte le forze impegnate nell'operazione *Greif* dovevano essere in grado di identificare gli uomini di Skorzeny, per evitare di scambiarli per veri nemici: fu quindi stabilito di disegnare dei punti bianchi di segnalazione sulle case, sugli alberi e lungo le strade percorse. I veicoli dell'unità dovevano recare un piccolo triangolo giallo sul retro ed i carri dovevano mantenere il cannone 'ad ore 9:00'. Per il riconoscimento notturno si dovevano usare torce blu e rosse. Il 14 dicembre, Skorzeny fissò il suo comando a Schmidtheim, dove c'era anche quello del *1.SS-Pz. Korps*. I reparti della Brigata mossero da Wahn in un'area vicino Muenstereifel per prepararsi all'attacco. Durante la notte del 14, proprio a Muenstereifel, Skorzeny incontrò l'*SS-Gruf.* Hermann Priess, comandante del *I.SS-Pz.Korps*, per discutere gli ultimi dettagli dell'operazione.

Tigre del *Panzergruppe Peiper* durante l'offensiva.

Soldato della *Panzerbrigade* a Rochefort.

L'inizio dell'offensiva

Il 16 dicembre l'offensiva tedesca ebbe inizio e con essa partì anche l'operazione *Greif*: a tutti i membri dell'*Einheit Stielau* in divisa americana erano stati distribuiti dei *chewing-gum*, per rendere ancora più verosimile la loro *'recitazione'*. Quando le avanguardie corazzate della *Leibstandarte Adolf Hitler* si mossero, gli uomini di Skorzeny seguirono a ruota. La marcia dei reparti corazzati fu però subito dopo bloccata dagli ingorghi lungo le pochissime strade percorribili, causati dalle colonne dei fanti e dai carriaggi dell'artiglieria ippotrainata. I *Panzer* di Peiper restarono invischiati per ore nella bolgia del traffico. In tutto quel caos, alcuni reparti abbandonarono le strade principali per marciare in aperta campagna, ritrovandosi impantanati nel fango o peggio in mezzo ai campi minati. Proprio il comandante del *Kampfgruppe X*, l'*SS-Ostubaf.* Hardieck, restò ucciso dopo essere finito su una mina, mentre tentava con i suoi uomini di evitare un ingorgo causato da una colonna dell'esercito. Il comando del *Kampfgruppe* passò quindi all'*SS-Hstuf.* Adrian von Fölkersam, uno degli uomini più fedeli di Skorzeny. Malgrado gli ingorghi stradali ed il caos, otto *Jeep* dell'*Einheit* Stielau riuscirono ad incunearsi nelle linee nemiche e già durante la notte del 16, iniziarono a scorazzare indisturbate nelle retrovie alleate, giungendo fino alla Mosa. Gli uomini di Stielau erano stati organizzati in quattro squadre esploratrici, due squadre demolizione e sei squadre *'sabotatori'*, tre delle quali assegnate alla *Panzerbrigade* e le altre tre assegnate alle divisioni *Leibstandarte*, alla *HitlerJugend* ed alla *12.Volksgrenadier Division*. Considerata la pericolosità della loro missione e considerato che dovevano agire con l'uniforme nemica, il Comando tedesco distribuì ai volontari di Stielau una pillola di cianuro per non cadere vivi nelle mani del nemico. I 'falsi' americani di Skorzeny riuscirono ad interrompere il traffico su alcuni ponti della Mosa, come a Liegi e Huy, dirottando i movimenti delle truppe alleate. Allo stesso tempo una squadra evitò la distruzione del ponte sul fiume Amblève a Stavelot, permettendo il passaggio dei mezzi del *Kampfgruppe Peiper*. Presso alcuni incroci particolarmente nevralgici, alcuni tedeschi in divisa americana e qualcuno anche con la fascia sul braccio della *Military Police*, si misero a dirigere il traffico dopo aver spostato i cartelli stradali: in questo modo interi reparti americani invece di raggiungere la linea del fronte furono dirottati verso le retrovie.

Soldati tedeschi catturati durante l'offensiva nelle Ardenne.

Poi cominciarono i sabotaggi veri e propri: un intero deposito di munizioni saltò per aria e ovunque furono recisi i cavi della linea telefonica. Alla fine furono così numerosi gli atti di sabotaggio, che tra le forze alleate iniziò a serpeggiare panico e caos, unito ad un clima di diffidenza che portò all'arresto di molti veri soldati americani, colpevoli solo di avere divise troppo nuove o di parlare con un leggero accento straniero. Due soldati americani furono uccisi per errore. Per riuscire a catturare gli uomini di Skorzeny in divisa americana furono predisposti numerosi posti di blocco, ai quali vennero fermati gli stessi soldati, sottufficiali ed ufficiali americani, rei di non saper rispondere ad interrogativi circa gli avvenimenti sportivi o mondani degli *States*.

Ufficiali tedeschi fanno il punto della situazione, Ardenne 1944.

Lo stesso generale Omar Bradley, per poter superare alcuni posti di blocco, fu costretto a fornire le generalità del marito dell'attrice americana *Betty Grable* e ad indicare le capitali

118

di alcuni stati americani. Anche il Maresciallo Montgomery fu fermato più volte, dal momento che si diceva che circolasse un suo sosia, così come il generale Clark, fu tenuto agli arresti per cinque ore dalla Polizia Militare americana per non aver saputo rispondere ad una semplice domanda sul campionato americano di *Rugby*.

Soldati della *Waffen SS* nei pressi di un incrocio.

L'attacco contro Malmedy

Il 17 dicembre, secondo giorno dell'offensiva, il *Kampfgruppe Peiper* dopo aver penetrato le linee nemiche ad Honsfeld, rimase ancora bloccato dai soliti ingorghi lungo le strade ma anche dalla forte resistenza nemica. L'*SS-Ostubaf.* Skorzeny, vista la mancata apertura della breccia attraverso la quale poter lanciare i suoi uomini, chiese al comandante della 6.*Pz.Armee*, il permesso di poter impiegare la sua Brigata speciale come un'unità da combattimento regolare per poter appoggiare più efficacemente lo sforzo offensivo. L'*SS-Obstgruf.* Dietrich ordinò quindi alla Brigata di Skorzeny di attaccare e conquistare la posizione di Malmedy, evitata e superata dal *Kampfgruppe Peiper*. A questo scopo, il 20 dicembre i reparti della Brigata furono raggruppati nell'area intorno a Ligneuville. I piani per l'imminente attacco tedesco in direzione di Malmedy furono però rivelati al nemico, da un disertore olandese della Brigata speciale di Skorzeny, catturato nei sobborghi di Malmedy durante la notte del 20 dicembre. La sua testimonianza diede la possibilità agli americani di prepararsi adeguatamente e di rinforzare le loro difese facendo affluire rinforzi.

Reparti tedeschi tra i boschi delle Ardenne, 1944.

Per l'attacco contro Malmedy, Skorzeny aveva suddiviso i suoi reparti in due gruppi d'assalto: uno che doveva attaccare sulla destra guidato dall'*Hauptmann* Scherff del *Kampfgruppe Y* ed uno sulla sinistra guidata dall'*SS-Hstuf.* von Fölkersam del *Kampfgruppe*

X. Il *Kampfgruppe Z* fu lasciato in riserva, pronto ad intervenire in caso di necessità. Gli uomini del *Kampfgruppe Y* seguirono la strada che da Baugnez porta a Malmedy, incontrando subito una forte resistenza nemica, da parte di elementi della *30th Inf.Div.*: dopo furiosi scontri a fuoco, gli americani, rinforzati da un altro battaglione della stessa divisione ed appoggiati dal fuoco della loro artiglieria pesante, riuscirono a bloccare l'attacco degli uomini di Scherff. Anche l'attacco di von Fölkersam non ebbe successo: il suo *Kampfgruppe*, comprendente due compagnie fucilieri appoggiate da carri *Panther* mimetizzati come carri *M-10* americani, mosse da Ligneuville passando per Bellevaux, attaccando i reparti nemici lungo la strada di La Falize.

Soldati tedeschi armati di *Panzerschreck* e *Panzerfaust*.

A guidare l'assalto furono proprio i carri *Panther*: il primo carro saltò su una mina di fronte al ponte ferroviario mentre gli altri carri furono costretti a manovrare intorno al veicolo in fiamme, con la fanteria che tentava di guadagnare terreno. I reparti americani si difesero accanitamente con tutte le armi a loro disposizione. L'artiglieria americana fece il resto, bloccando con un potente fuoco di sbarramento l'avanzata dei tedeschi.

L'unico *Panther* che riuscì a passare l'Amblève.

120

Otto Skorzeny

Un altro reparto del *Kampfgruppe X* proveniente dal ponte sul fiume Warche ebbe maggior successo: a difendere la posizione c'era una compagnia di fanteria americana, alcuni pionieri ed un plotone di cacciatori di carri. I tedeschi assalirono di slancio il ponte, annientando completamente il plotone di cacciatore di carri a sua difesa, proseguendo verso la locale cartiera. Gli uomini della compagnia di fanteria americana si trincerarono allora proprio nella fabbrica di carta a nord del ponte. Skorzeny ordinò di continuare ad attaccare la posizione, ma gli americani continuarono a resistere tenacemente. Con l'arrivo di nuovi rinforzi, i restanti carri della *Panzer Brigade 150* furono distrutti uno dopo l'altro dal fuoco nemico, rendendo vano ogni ulteriore attacco. Il *Kampfgruppe Y* tentò un ultimo disperato attacco ad est di Malmedy all'alba del 22 dicembre, senza però riuscire a travolgere le difese americane. Nel pomeriggio i genieri americani fecero saltare il ponte ferroviario sulla *Route Nationale 32* (Baugnez-Malmedy) bloccando l'accesso ad ovest di Malmedy. Un solo carro tedesco riuscì a portarsi sulla sponda settentrionale del fiume Amblève, ma fu distrutto da un colpo di *bazooka* ad una cinquantina di metri dal ponte.

Soldati tedeschi catturati a Malmedy.

Svanita ogni possibilità di continuare ad avanzare, nel pomeriggio Skorzeny ordinò ai resti della sua Brigata di ripiegare sulle colline a sud di Malmedy. L'artiglieria americana continuò a bombardare pesantemente tutta l'area davanti alla città, rendendo impossibile qualsiasi ulteriore manovra di avvicinamento. Via radio, Skorzeny chiese aiuto al comando della *Leibstandarte*: "...*difesa nemica molto forte. Servono rinforzi per poter continuare l'attacco*". In quello stesso momento, numerosi proiettili dell'artiglieria nemica caddero sulla sua posizione, costringendolo a cercare un riparo di fortuna. Per sfuggire alla grandine di schegge, Skorzeny si gettò sotto un camion. Terminato il diluvio di fuoco,

121

Skorzeny uscì fuori dal suo rifugio improvvisato per portare aiuto ai feriti sulla strada, ma proprio in quel momento l'artiglieria nemica riprese a fare fuoco. Nuove esplosioni proiettarono migliaia di schegge in tutte le direzioni, investendo lo stesso Skorzeny al volto: solo per qualche centimentro non ci rimise un occhio. Accompagnato ad un posto di soccorso, dopo essere stato medicato alla meglio, Skorzeny volle ritornare dai suoi uomini, per continuare a guidarli in battaglia. Seguirono giorni di duri combattimenti difensivi nel corso dei quali si registrarono notevoli perdite. Il 23 dicembre, l'aviazione americana bombardò pesantemente Malmedy, credendola in mano ai tedeschi: le bombe americane fecero molte vittime tra i reparti 'amici' e soprattutto tra la popolazione civile. Ciò che restava della *Panzer Brigade*, fu ritirato definitivamente dalla linea del fronte il 28 dicembre, quando i reparti furono rilevati da unità della *18.Volksgrenadier Division*. L'offensiva tedesca delle Ardenne, poteva considerarsi ormai esaurita, poiché dopo l'iniziale sbandamento, il Comando Alleato si era ripreso inviando truppe corazzate lungo tutto il saliente e con il tempo che iniziò a migliorare l'aviazione alleata ritornò in azione bersagliando e distruggendo le colonne corazzate tedesche. Già alle prese con il problema della mancanza di benzina e di munizioni, ai tedeschi non restò altro che ripiegare lungo tutto il fronte. I resti della Brigata furono trasferiti successivamente a Schlierbach, ad est di Saint-Vith e poi via treno al campo di Grafenwöhr, dove l'unità fu ufficialmente disciolta.

Una delle *Jeep* dell'*Einheit Stielau'* intercettata dal nemico.

Fucilazione di alcuni membri dell'*Einheit Stielau*.

Fine dell'avventura

L'operazione Guardia sul Reno, costò agli alleati solo un ritardo di sei settimane sul loro programma di invasione del territorio del *Reich*. Per i tedeschi invece fu soprattutto un inutile dispendio di forze, in uomini e mezzi, che sarebbero stati più utili sul fronte dell'Est per arrestare l'avanzata sovietica. Restò come unico successo per i tedeschi, la confusione ed il caos provocati dai *'sabotatori'* di Stielau nelle retrovie americane, che pagarono però un alto numero di perdite. Già il 17 dicembre, la *Military Police* americana era riuscita a fermare una *Jeep* ad un posto di controllo nella cittadina di Aywaille, a circa 20 Km dalla Mosa: i tre occupanti non conoscendo la parola d'ordine furono subito smascherati. Erano l'*Oberfahnrich*

Otto Skorzeny

Gunther Billing, l'*Obergefreiter* Manfred Parnass ed il *Gefreiter* Wilhelm Schmidt, sotto i falsi nomi di Charles Lawrence, George Sensenbach e Clarence Van Der Wert. Interrogati dagli americani, i tre rivelarono di fare parte della Brigata speciale di Skorzeny e Schmidt, arrivò a dire (falsamente) che tra i loro obiettivi c'era anche la cattura del Generale Eisenhower. Trovati con la divisa americana in zona di guerra ed aggravata la loro posizione dalla confessione di Schmidt, i tre nei giorni successivi furono processati e condannati a morte come spie. L'esecuzione ebbe luogo all'alba del 23 dicembre presso una caserma a Henri Chapelle, in Belgio. I condannati furono legati e bendati e sul loro petto furono appuntati come bersaglio dei dischi bianchi. Un istante prima che il plotone di esecuzione facesse fuoco, Billing gridò: "...*lunga vita al nostro* Führer, *Adolf Hitler!*".

Un altro membro della brigata di Skorzeny, con l'uniforme americana, catturato dalla Polizia Militare.

Altri sette membri dell'*Einheit Stielau* catturati a Malmedy, furono fucilati il 30 dicembre. In tutto, 18 'sabotatori' tedeschi furono giustiziati dagli americani. Delle squadre-Jeep, solo tre riuscirono a fare ritorno alle linee tedesche. Una di queste era riuscita a raggiungere Huy sulla Mosa ed un'altra Amay sullo stesso fiume. Visto che le avanguardie corazzate tedesche non giungevano le tre squadre continuarono ad esplorare l'area di Salm per poi decidersi a ritornare indietro. Altre tre squadre riuscirono a ritornare ma solo dopo scontri a fuoco con gli americani, lamentando caduti e feriti. Altre squadre ancora furono bloccate ai posti di blocco e scoperte. Una di queste fu smascherata perché nel richiedere ad una stazione americana il rifornimento di carburante, fu usato il termine 'petrol' invece del più corretto 'gasoline'. Un'altra squadra, con alcuni veri cannoni d'assalto abbandonati dalla *14th Cavalry Division*, fu intercettata da reparti della *7th Armoured Division* nei pressi di Poteau. Gli americani chiesero: "...*chi siete?*", i tedeschi risposero: "...*la E Company*", non sapendo che le divisioni di cavalleria americane erano organizzate in 'Troops' e non in compagnie. Fallita miseramente la messinscena, i veri americani aprirono il fuoco a distanza ravvicinata uccidendo tutti i tedeschi.

La testa di ponte di Schwedt

Febbraio 1945: Skorzeny sulla testa di ponte di Schwedt.

Mappa della Pomerania (Schwedt è sulla sinistra).

Verso la fine di gennaio del 1945, con i sovietici ormai ai confini del *Reich*, Skorzeny aveva ricevuto da Himmler l'ordine di bloccare per il maggior tempo possibile le loro avanguardie lungo il fiume Oder. Himmler, messo a capo del Gruppo Armate della Vistola, aveva promesso ad Hitler non solo che i sovietici sarebbero stati fermati ma anche ricacciati oltre la Vistola. A sua disposizione c'erano però solo formazioni della Milizia *Volksturm* e reparti con gli effettivi ridotti e senza armi pesanti e forze corazzate. Nell'attesa che fossero recuperate nuove forze per lanciare una controffensiva, la missione di Skorzeny era quella di bloccare la progressione nemica verso il *Reich*, secondo gli ordini di Himmler: "...*Voglio che stabiliate una testa di ponte a Schwedt prima possibile. Dovete restare sulla difensiva in attesa della nostra grande controffensiva*". "*Una controffensiva? E con che cosa?*", rispose Skorzeny. "...*Dovete recuperare qualsiasi uomo in grado di combattere e muovere verso il fronte dell'Oder. Voglio che l'operazione abbia inizio al massimo domani, rammentate Skorzeny, la situazione è molto critica*", ribadì Himmler. Malgrado le sue perplessità, Skorzeny dovette giocoforza obbedire, recuperando tutte le sue unità speciali: l'*SS-Fallschirmjäger-Btl.600* dell'*SS-Stubaf*. Milius, la *SS-Jagdverbände Nordwest* e la ricostituita *SS-Jagdverbände Mitte*. Himmler continuò nei giorni successivi, con numerose telefonate al Quartier generale di Skorzeny a Friedenthal, ad informarsi sui preparativi dell'operazione. I primi a giungere a Schwedt-an-der-Oder furono proprio i paracadutisti SS di Milius, seguiti subito dopo dallo stesso Skorzeny insieme ad altri reparti. Nel frattempo le avanguardie sovietiche erano già arrivate a pochi chilometri da Schwedt. Dopo aver stabilito il suo comando nel castello di Schwedt, Skorzeny contattò subito il comandante militare locale, trovando una situazione disperata: a difendere la posizione c'erano solo 150 ufficiali e sottufficiali, tutti cadetti di una scuola pionieri, 500 anziani soldati del *Volksturm* e qualche giovane della *Hitlerjugend*. Per racimolare altre forze, Skorzeny inviò gli uomini del suo Stato Maggiore in tutta l'area circostante per radunare superstiti e fuggiaschi delle unità tedesche in ripiegamento: furono in questo modo recuperati altri soldati con i quali fu possibili formare due battaglioni completi di fanteria per difendere la città, e nello stesso tempo si riuscirono a recuperare quindici cannoni anticarro da 75mm in una fabbrica vicino alla città e sei cannoni antiaerei. Giunse di rinforzo anche un battaglione del *Volksturm* formato ad Amburgo e 600 uomini di un nuovo battaglione della *Pz.Gr.Div. 'Hermann Göring'*. Nei giorni successivi arrivarono anche una compagnia di cavalleria ed un Reggimento SS rumeno. In una settimana a Schwedt furono raggruppati circa quindicimila uomini, un vero miracolo. L'8 febbraio giunsero anche i primi rinforzi corazzati, i resti della *Sturmgeschütz-Brigade 210* agli ordini del Major Dietrich Langel, i cui mezzi furono disposti, per ordine di Skorzeny, lungo le rive dell'Oder, tra le posizioni di Niedersaaten e Konigsberg-Neumarkt.

Postazione difensiva sul fiume Oder, 1945.

Primi attacchi dei sovietici

Il 9 febbraio 1945, i sovietici lanciarono un primo massiccio attacco contro le località di Grabow e Hausberg, a sud-est di Schwedt. L'intero battaglione paracadutisti SS fu impegnato nei combattimenti difensivi, riuscendo a respingere i reparti nemici grazie anche all'appoggio della *3.Batterie* della Brigata Langel, agli ordini dell'*Hauptmann* Vincon. Insieme ai cacciatori di carri della compagnia paracadutisti SS, i due plotoni della *3.Batterie*, agli ordini dei *Leutnant* Kohler e Naumann, riuscirono a distruggere ben tredici carri *Josef Stalin*. Per tentare di travolgere le difese tedesche, i sovietici spostarono

Paracadutisti SS sulla testa di ponte di Schwedt.

in avanti numerose unità di artiglieria. In particolare quelle dislocate nel villaggio di Johannisgrund, avevano iniziato a bombardare pesantemente la posizione di Grabow. La *2.Kompanie* paracadutisti SS ed una compagnia della *SS-Jagdverbände Nordwest*, quest'ultima composta principalmente da volontari russi anti-comunisti, furono inviate ad attaccare le batterie nemiche. Grazie all'appoggio dei cannoni d'assalto del *Major* Langel il villaggio di Johannisgrund fu conquistato e le batterie nemiche messe a tacere. I sovietici piazzarono allora un'altra batteria a Gusthof, ma nel corso della notte anche questa posizione fu attaccata e l'artiglieria nemica distrutta. Il 10 febbraio, grazie alle informazioni fornite da una pattuglia esplorativa inviata in direzione di Bad Schonfliess, fu intercettata una forte concentrazione di forze corazzate sovietiche, circa una quarantina di carri *T-34*, pronta ad attaccare in direzione di Konigsberg-Neumarkt, a sud-est di Schwedt. Per parare la minaccia Skorzeny con la *3.Kp./SS-Fj.Btl.600*, si portò a Konigsberg, riuscendo ad organizzare alla meglio le difese, prima che i sovietici lanciassero l'attacco impegnando quattro battaglioni di fanteria appoggiati dagli oltre quaranta carri *T-34*.

Paracadutisti SS e membri del *Volksturm* in Pomerania, 1945.

Malgrado la grande sproporzione di forze, i paracadutisti SS non si persero d'animo e si prepararono ad affrontare l'attacco: non appena la fanteria nemica fu a tiro, aprirono il fuoco con le loro armi individuali e le mitragliatrici *MG-42*, arrecando gravi perdite al nemico. Quando iniziarono ad attaccare i carri, entrarono in azione i *Panzerfaust* e nel giro di pochi minuti furono distrutti ben sette carri nemici. Quando la pressione nemica iniziò a farsi più forte, per evitare di restare circondato dal nemico, Skorzeny si vide costretto ad abbandonare la posizione, ripiegando verso Grabow, dove nel frattempo l'*SS-Stubaf.* Milius stava organizzando i restanti reparti del suo battaglione per fronteggiare l'imminente offensiva sovietica.

La difesa di Grabow

Dopo la caduta di Konigsberg i sovietici proseguirono la loro offensiva proprio in direzione di Grabow, esercitando lo sforzo maggiore contro la quota 63, difesa dalla 2. dalla *1./SS.Fj.Btl. 600*: se quella posizione fosse andata perduta, la strada verso Grabow sarebbe stata spalancata al nemico da sud e da sud-ovest. Ancora una volta fu provvidenziale l'intervento dei cannoni d'assalto del *Major* Langel. Il 12 febbraio i paracadutisti respinsero altri attacchi nemici ad est di Grabow, allontanando la minaccia sovietica dalla città. Verso la metà di febbraio, giunsero nuovi rinforzi sulla testa di ponte, tra i quali una nuova compagnia di truppe speciali di Skorzeny agli ordini dell'*SS-Ustuf.* Schwerdt. Il 17 febbraio i sovietici attaccarono di nuovo, concentrando i loro sforzi maggiori in direzione del villaggio di Nipperwiess a nord della testa di ponte di Schwedt. La posizione era difesa da elementi della *SS-Jagdverbände Nordwest* e da molti giovani del battaglione della *Lufwaffe* inviato da Göring. Gli scontri si protrassero per ben sei giorni, durante i quali gli assalti nemici furono tutti respinti. Quando la posizione fu sul punto di essere circondato, Skorzeny ordinò ai reparti di ripiegare. La posizione di Grabow rimase così l'ultimo baluardo della linea difensiva del *Reich* sulla sponda orientale dell'Oder.

Grabow 1945: l'*SS-Hstuf.* Fucker della *SS-Jagdverbände Mitte*, con la giubba bianca, si congratula con i membri dell'*SS-FJ.Btl.600* per la distruzione di sedici carri nemici (da un giornale dell'epoca).

I sovietici misero in campo un intero Corpo corazzato per travolgerne le difese, ma i tedeschi non solo riuscirono ad opporre un'accanita resistenza, ma furono anche in grado di lanciare una serie di contrattacchi per allentare la pressione nemica. Con grande sacrificio e abnegazione la posizione tenne fino alla fine di febbraio. Caduta Grabow, sulla testa di ponte di Schwedt furono raggruppati i resti della *SS-Jagdverbande Mitte*, dell'*SS-Fj.Btl. 600*, la compagnia speciale di Scherdt ed una *SS-Scharfschützen-Kompanie*, quest'ultima comprendente una settantina di tiratori scelti, che causarono una buona parte delle perdite sovietiche a Schwedt. Le posizioni tedesche sulla testa di ponte di Schwedt continuarono a resistere ai continui assalti nemici, dando tempo al Gruppo Armate della Vistola di radunare reparti ed organizzarsi. Schwedt divenne in poco tempo, l'ultimo bastione della linea difensiva tedesca lungo l'Oder. L'*SS-Stubaf.* Milius si era trincerato sulla sponda occidentale del fiume Oder, in prossimità del ponte. Dalla sua posizione, con il suo binocolo, poteva osservare i movimenti delle truppe tedesche che sebbene fossero in ripiegamento continuavano a battersi contro le avanguardie sovietiche. Milius aveva fatto piazzare le cariche di esplosivo sotto il ponte, avendo ricevuto l'ordine di farlo saltare in tempo prima dell'arrivo dei sovietici. Quando anche l'ultimo dei suoi uomini superò il ponte, le cariche furono fatte brillare ed il ponte crollò e con esso terminò anche la battaglia per la testa di ponte di Schwedt. Negli ultimi mesi di guerra, Skorzeny fu impegnato in altre missioni 'impossibili', come il tentativo di far saltare il ponte sul Reno a Remagen, l'organizzazione delle difese del 'ridotto alpino', l'organizzazione dei reparti del *Werwölfe*. Fu decorato nell'aprile del 1945 con le Fronde di Quercia per la sua Croce di Cavaliere e promosso al grado di *SS-Standartenführer*. Si arrese volontariamente agli americani il 16 maggio 1945.

Fonti e bibliografia essenziale

Fonti primarie

✓ **Archivi pubblici**

Bundesmilitär-archiv, Freiburg, Germania
Washington, D.C. National Archives and Records Administration (NARA).
Vojensky Historicky Archiv (Archivio storia militare di Praga)
Deutsche Dienststelle (WASt)

✓ **Riviste e pubblicazioni dell'epoca**

Rivista *Signal* varie edizioni e vari numeri
Rivista *Das Schwarze Korps* vari numeri

Fonti secondarie

✓ **Libri**

AA.VV.,"*Il Terzo Reich: la guerra nell'ombra*", Hobby & Work editrice

M. Afiero, "*SS-Fallschirmjäger: il Battaglione paracadutisti SS*", Editoriale Lupo

G. Annussek, "*Liberate Mussolini*", Lindau

A. Bertotto, "*La liberazione di Mussolini sul Gran Sasso*", Effedieffe (saggio)

A. H. Farraf Hockley, "*Student*", Ballantine's Illustrated History

C. Foley, "*Teste calde*", Longanesi

R. Forczyk, "*Rescuing Mussolini – Gran Sasso 1943*", Osprey

H. Götzel, "*Generaloberst Kurt Student und seine Fallschirmjäger: die Erinnerungen des Generaloberst Kurt Student*", Podzun-Pallas-Verlag, Friedberg (1980)

J. Lucas, "*L'ultimo anno dell'esercito tedesco*", Hobby & Work editrice

W. H. McRaven, "*Spec Ops – Case studies in special operations warfare: theory and practice*", Presidio Press

Craig W. H. Luther, Hugh Page Taylor, "*For Germany: the Otto Skorzeny memoirs*", R.James Bender Publishing

A. Muñoz, "*Forgotten Legions: obscure combat formation of the Waffen SS*", Paladin Press

J.P. Pallud, "*Ardennes 1944: Peiper and Skorzeny*", Osprey Publishing Ltd.

D.S. Parker, "*Battle of the Bulge: Hitler's Ardennes Offensive, 1944-1945*", Greenhill Books

M. Patricelli, "*Settembre 1943 – I giorni della vergogna*", Laterza

G. Quilichini, "*Campo Imperatore 1943 – La versione della Polizia*", Italia Editrice

L. Romersa, "*I segreti della Seconda Guerra Mondiale*", Mursia

L. Romersa, "*Von Braun racconta*", Mursia

Otto Skorzeny, "*Missioni segrete*", Garzanti

Otto Skorzeny, "*Vivere pericolosamente*", Il Borghese

Otto Skorzeny, "*Abbiamo perso combattendo*", Il Borghese

C. Whiting, "*Skorzeny*", Pen&Sword

C. Whiting, "*SS Kommando*", Pen&Sword

Le foto riportanti tra parentesi la scritta '*Skorzeny File*' provengono dal libro '*For Germany*' per gentile concessione dell'Editore R. James Bender Publishing, su richiesta personale di Hugh Page Taylor.

Michael Wittmann